W0056764

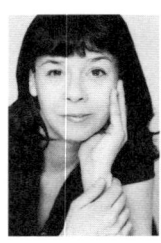

DOROTHEA FLECHSIG arbeitete viele Jahre als Journalistin für verschiedene Zeitungen und Magazine. Inzwischen veröffentlicht sie Geschichten für Kinder. Sie absolvierte eine Ausbildung zur Drehbuchautorin und unterrichtet Erwachsene und Kinder im Kreativen Schreiben.

KATRIN INZINGER arbeitet als Illustratorin, Character Designerin, Trickfilmzeichnerin und Storyboarderin. Sie lebt mit ihrer Familie in Berlin.
Die Covergrafik ist vom Hamburger Künstler Christian Puille.

Dorothea Flechsig

Sandor

Not macht erfinderisch

Illustrationen von KATRIN INZINGER

Glückschuh Verlag

Weitere Bücher und Hörbücher von
Dorothea Flechsig im Glückschuh Verlag

Petronella Glückschuh – Tierkindergeschichten
Petronella Glückschuh – Naturforschergeschichten
Petronella Glückschuh – Umwelt–Tiere–Kinderatlas
Sandor – Fledermaus mit Köpfchen
Sandor – Abenteuer in Transsilvanien
Sandor – Not macht erfinderisch
Pünktchen, das Küken
Chacha-Casha, das kleine Chamäleon

Wir fördern den Fledermausschutz!
Mehr Infos: www.glueckschuh-verlag.de

INHALT

1. Kapitel
Haustiere machen glücklich

„Tss, tss. Klick-klick! In Siebenbürgen kennen echte Abenteurer keine Furcht!"

Die Fledermaus Sandor hängt oben an der Hauswand vor dem geöffneten Fenster. Er schlägt langsam den linken Flügel auf seine rechte Schulter und dann den rechten Flügel auf die linke. Er reißt die Augen weit auf, holt tief Luft und verstellt seine Stimme.

„Hier klappern die Knochen der Toten in der Nacht. Die beißende Kälte kriecht wie eine Schlange vom großen Zeh bis zum Scheitel. Der eisige Winterwind flüstert deinen Namen im Mondlicht, wenn er über die transsilvanischen Alpen und die Weite der Walachei hinwegweht. Wolfsrudel huschen wie Schatten durchs Dickicht. Lautes Knacken im Unterholz ist zu hören und der Boden bebt, wenn der Bär auf dich zukommt."

In ungewohnt tiefem Ton fährt Sandor fort: „Hu-ha, Feiglinge haben hier keine Chance!"

„Ja, ja, Sandor, hör auf zu flunkern!" Jendrik schmunzelt. „Außerdem haben wir gerade Sommer!"

Die sprechende Fledermaus Sandor ist in Rumänien geboren und kennt sich bestens in ihrer alten Heimat aus. Doch Jendrik weiß auch, dass Sandor gern übertreibt und das, was er erlebt hat, mit Vorliebe phantasievoll ausschmückt.

„Na und? Flunkergeschichten haben

bunte Flügel, und sie tragen uns schwung-voll durch öde Tage", behauptet Sandor und erteilt sich so selbst die Erlaubnis, manchmal zu schwindeln.

Jedes Mal, wenn Jendrik mit Sandor zusammen ist, hat die Fledermaus neue Ideen, was sie am kommenden Tag unbe-dingt ansehen müssen.

Nach ihrer abwechslungsreichen Rund-reise durch das Land, sind nun alle wieder in der vertrauten Pension Helga ange-kommen.

Bisher war der Urlaub in Rumänien wun-derschön. Sie haben in einem alten Kloster übernachtet, wo sie bunte Decken- und Wandmalereien bestaunten und Mönchen bei ihrer Arbeit und beim Beten zusahen. Sie sind durch tiefe, dunkle Höhlengänge gekrochen, haben in Bergseen gebadet und in kleinen Bauerndörfern gewohnt. Jendrik und Tom durften alleine eine Pferdekutsche fahren. Stets war auch Toms kleiner Hund

Lupo mit dabei. Tom hatte ihn in dem kleinen Dorf Biertan am Straßenrand gefunden.

Den Namen Lupo findet Tom sehr passend, da Lupo übersetzt Wolf heißt. In Rumäniens Wäldern gibt es tatsächlich Wölfe und sein Welpe ist auch wild und ungehorsam.

Tom will den kleinen Hund für immer behalten. Seine Mutter Freyja ist damit nicht einverstanden. Sie ist sich nur noch nicht klar, wie sie das ihrem kleinen Sohn beibringen soll. Insgeheim hofft sie darauf, dass ihr das jemand abnimmt. Es gibt aber nur eine Person, die das könnte, der Kinderpsychologe Hans Belz, der mit ihnen verreist ist. Doch der macht seit Tagen keine Anstalten, sie dabei zu unterstützen. Deshalb wird sie von Tag zu Tag gereizter.

„Schade, dass wir nicht noch viel länger hierbleiben können." Sandor hängt neben Jendrik im Fensterrahmen und schaukelt hin und her. Jendrik sitzt im zweiten Stock oben auf dem Fenstersims, lässt die Beine baumeln, schneidet einen Apfel in Stücke und betrachtet die gewaltige dunkle Kulisse der rumänischen Burg Tartlau.

„Ich finde die Idee nicht gut, dass ich mit euch in ein stinkendes Flugzeug einsteigen soll", schimpft Sandor. „Lieber lasse ich mich vom eisigen Wind über die Alpen tragen."

„Komm schon!", sagt Jendrik. „Wenn alle Menschen die Treppe ins Flugzeug

hochsteigen, lenke ich die Stewardess ab, und du fliegst im Sauseflug als blinder Passagier unbemerkt hinein!"

„Wieso blind?"

„Ein blinder Passagier ist jemand, der sich ohne Ticket an Bord schmuggelt!"

Sandor hält inne und sagt: „Ich bin kein Schmuggler, sondern ein Weltmeister der Lüfte, ein Akrobat, ein Kunstflieger, ein Wind- und Himmelsexperte, ein …!"

„Ja, ja! Ich weiß, aber im Flugzeug bist du sicherer, und wir sind schneller gemeinsam zu Hause!"

Da kommen Jendriks Mutter Freyja und Hans in den Garten. Hans lässt sich auf die Gartenbank fallen. Er streckt mit geschlossenen Augen sein Gesicht in die Sonne und genießt die Wärme. Freyja nimmt eine vorwurfsvolle Haltung ein. Mit verschränkten Armen baut sie sich vor ihm auf. Sandor ist derweil noch immer mit dem Rückflug beschäftigt.

„Ich kann Flugzeuge nicht ausstehen!"

„Pssst, sei mal still!", befiehlt Jendrik, der hören will, was die beiden Erwachsenen im Garten zu bereden haben. Den Jungen und die kleine Fledermaus oben am Fenster bemerken sie nicht.

„Es muss jetzt mal raus. Ich bin sehr wütend auf dich, und als Kinderpsychologe halte ich dich für nicht sehr kompetent", sagt Freyja laut.

Hans öffnet die Augen, beugt sich nach vorne, sieht Freyja an und antwortet ruhig:

„Entschuldige, ich wollte dir nicht in den Rücken fallen, aber deinen beiden Kindern tut der Welpe sehr gut. Zahlreiche Studien weltweit belegen, dass der Umgang mit Tieren den Alltag bereichert."

„Aber nicht in einer kleinen Wohnung! Da bedeutet so ein Haustier nur Stress!"

„Jeder, der mit Tieren lebt, weiß, wie sehr sie beruhigen und trösten können. Haustiere haben einen günstigen Einfluss auf Kinder. Sie sind glücklicher, fröhlicher, aufgeweckter, spielen öfter draußen, bleiben ohne Angst allein zu Hause, sind selbstsicherer, erfüllen ihre täglichen Pflichten pünktlicher."

Jendrik flüstert Sandor belustigt ins Ohr: „Da kannst du mal hören, wozu du alles gut bist!"

Sandor weitet stolz seinen Brustkorb und antwortet: „Phh, ich bin doch kein Haustier!"

Hans macht mit dem Arm eine ausladende, schwungvolle Bewegung, so als

würde er ein Orchester zum langen Schluss-
ton auffordern und redet dann langsam weiter: „Wenn der Hund bei euch bleibt, wird
Jendrik bestimmt auch seinen imaginären
Freund, diese sprechende Fledermaus, nicht
mehr brauchen!"

Sandor gefällt dieser Satz überhaupt
nicht. „Tss, tss! Phh!" Er rückt gleich näher
an Jendrik heran.

Freyja schüttelt genervt den Kopf. „Ach,
was du so alles weißt, du Hellseher! Und
wer kümmert sich um den Hund, wenn die
beiden in der Schule sind? In meinem Miet-
vertrag steht: Keine Haustiere! Und wie sollen wir bitte den Hund nach Deutschland
mitnehmen? Wir fliegen morgen zurück
und haben keine Papiere für den Hund."

„Dann müssen wir diese Papiere eben
noch rasch besorgen!"

„Meine Güte, Herr Doktor, dafür ist es
schon zu spät!" Freyja stampft mit schweren
Schritten zurück zum Haus.

15

„Aber du hast es Tom erlaubt. Zumindest hat er das so verstanden, und nun ist die Bindung zwischen ihm und Lupo sehr eng geworden", ruft Hans ihr nach. „Dann hättest du von Anfang an konsequent sein und den Hund am Straßenrand zurücklassen müssen!"

„Ihr habt mich doch alle unter Druck gesetzt. Vor allem du!", schreit Freyja so laut zurück, dass Helga, die Pensionswirtin, in den Garten gelaufen kommt und fragt, ob sie helfen könne. Aber Freyja schüttelt im Vorbeigehen nur den Kopf: „Ich gehe spazieren!"

„Hoffentlich vertragen die sich bald wieder! Das Erwachsene immer so viel streiten müssen!", sagt Jendrik.

Sandor flattert zu ihm auf die Schulter und kuschelt sich an sein Ohr: „Das wird schon Jendrik! Aber um die Papiere für Toms hechelnden Vierbeiner sollten wir uns dringend kümmern!"

2. Kapitel
Gefälschte Papiere

„Schnell! Wir müssen zum Tierarzt!", drängt Jendrik. Er zerrt an Toms Arm, der mit Lupo auf dem Boden spielt. „Mama ist gerade weg. Helga hat zu Hans gesagt, dass wir eine Hunde-Ausreisegenehmigung benötigen. Ohne die Papiere können wir Lupo nicht mitnehmen!"

„Was? Dann fahren wir jetzt sofort zu einem Hundearzt und holen die!" Tom nimmt Lupo auf seine Arme und marschiert schnurstracks zum Auto.

Hans, der schon im Auto wartet, tippt die Adresse von der Tierarztpraxis, die ihm Helga auf einen Zettel geschrieben hat, ins Navigationsgerät. Sie hat den Arzt bereits angerufen und den Besuch angekündigt.

Jendrik sitzt schon auf der Rückbank. Schützend hält er seine Hand vor seine

Jackentasche, in der Sandor es sich bequem gemacht hat.

Lupo schnüffelt die ganze Zeit wie besessen an Jendriks Jacke herum.

„Hey, nimm bitte mal deinen Hund weg!", herrscht Jendrik Tom an. Der zieht Lupo am Halsband zu sich auf seine Seite, aber Lupo lässt sich das nicht gefallen. Widerspenstig senkt er den Kopf, schlüpft aus dem Halsband, schnüffelt erneut an der Jacke und beginnt, den armen Sandor laut anzubellen.

Sandor fürchtet sich, und das Bellen schmerzt in seinen Ohren. Er streckt seinen Kopf aus der Jackentasche und quietscht einen so hohen, schrillen Ton, dass der kleine Welpe angsterfüllt aufjault, den Schwanz einzieht und vor Schreck auf das Lieblingshalstuch von Freyja pinkelt, das zwischen den beiden Brüdern auf der Rückbank liegt.

„Was ist denn da hinten los?", fragt Hans.

„Ach nichts!", antwortet Tom schnell. Jendrik verdreht die Augen.

Tom legt Lupo wieder das Halsband um und nimmt angewidert das nasse Tuch zwischen zwei Finger. Er kurbelt das Fenster herunter und zwickt Freyjas Tuch so in der Fensterscheibe fest, dass es draußen vom Fahrtwind gelüftet wird und nun wie eine wilde Fahne zitternd am Auto flattert.

Beim Tierarzt angekommen, müssen alle im Wartezimmer warten und warten. Sandor kriecht ein wenig aus der Jackentasche und blickt direkt in eine vergitterte Plastikkiste. Ein Mann, der neben Jendrik sitzt, hat sie auf seinem Schoß. Darin sitzt ein dicker Kater. Nur seine Schwanzspitze lugt zwischen einem Spalt etwas heraus. Sandor kann Katzen nicht ausstehen. Er greift den Schwanz und zieht so fest daran, wie er nur kann. Der Kater faucht laut und dreht sich um. Er versucht Sandor mit seinen Krallen zu erwischen. Aber das geht nicht.

Kichernd streckt Sandor dem dicken Kater seine Zunge heraus und verdreht die Augen.

Sandor und der Kater sorgen für Unruhe im Wartezimmer. Nun bellt auch noch Lupo den Kater an. Der Besitzer steht wütend auf und setzt sich gegenüber auf einen leeren Stuhl.

Endlich dürfen alle mit Lupo ins Behandlungszimmer. Tom will einen besonders guten Eindruck machen, denn schließlich hat der Tierarzt großen Einfluss darauf, ob er Lupo mit nach Deutschland nehmen darf oder nicht. Vor lauter Über-eifer streckt Tom ihm die Hand entgegen und verbeugt sich tief. Jendrik stupst ihn in die Seite.

„Aua!" Tom schaut seinen großen Bruder beleidigt an.

Hans und der Arzt unterhalten sich auf Englisch. Der Arzt gibt Lupo eine Wurm-tablette und eine Impfung. Dann holt er einen Füllfederhalter aus einer Schublade und stellt eine Bescheinigung aus. Tom darf sie halten. Er besieht sich das Doku-ment ganz genau. Sein Hund hat jetzt einen richtigen Pass mit einem Stempel, seinem Namen und Zahlen.

Hans und der Arzt unterhalten sich währenddessen weiter. Jendrik kann nichts verstehen, aber er ahnt nichts Gutes, denn Hans sieht besorgt aus. Außerdem ist er unruhig, wie wütend Freyja wohl sein wird, wenn sie zurück zur Pension kommt und alle weg sind.

Endlich haben die Erwachsenen alles geregelt, und sie verabschieden sich. An der Rezeption muss Hans noch bezahlen, und dann können sie los.

„Was hat der Tierarzt gesagt?", will Jendrik wissen, als sie im Auto sitzen.

„Wir haben ein Problem!", antwortet Hans. „Der Hundepass hat das Datum von heute. Um Lupo im Flugzeug mitzunehmen, muss die Impfung aber mindestens vier Wochen her sein. Wir dürfen ihn also eigentlich nicht mitnehmen."

„Vier Wochen?" Tom dreht den Hundepass in seinen Händen und betrachtet die darin vermerkten Zahlen. „Dann müssen wir Lupos Pass einfach fälschen!", schlägt er vor. „Man kann Pässe ganz leicht fälschen!

Ich habe einen Film im Fernsehen darüber gesehen!"

Nun besieht sich Jendrik den Hundepass, und Tom kramt nach seinem kleinen Mini-Koffer.

„Ja. Wir müssen nur hier das Datum ändern", schlägt Jendrik vor und zeigt auf eine Stelle im Dokument.

„Das sollten wir aber auf keinen Fall eurer Mama erzählen. Die findet das bestimmt nicht so gut", meint Hans.

„Aber Mama will doch, dass wir den Hund mitnehmen!", ist sich Tom sicher.

Neben einem Malblock und Stiften ist in Toms Mini-Koffer auch ein Tintenkiller. Den gibt er Hans zusammen mit dem Hundepass. Tatsächlich macht Hans sich sofort an die Arbeit. Er löscht das Datum von heute mit dem Tintenkiller und schreibt ein neues, früheres in das Dokument.

„Naja, verboten ist das schon. Aber ich

glaube, uns bleibt Lupo zuliebe nichts anderes übrig. Fertig!"

Stolz betrachtet er seine erste Urkundenfälschung. „Und, fällt es auf?", fragt er.

Jendrik zögert: „Schon etwas. Aber nur wenn man ganz genau hinsieht!"

„Ach, es wird schon klappen!", sagt Hans. Und dann fahren sie los.

Auf dem Weg halten sie noch bei einem Bäcker und kaufen den Kuchen mit Walnüssen und Rosinen, den Freyja so gern isst. Als sie bei Helga ankommen, sitzen Freyja und Helga vorm Haus auf einer kleinen Holzbank in der Sonne. Helga pafft eine Zigarre.

Tom ruft schon beim Aussteigen: „Wir haben dir Kuchen mitgebracht!" Aber Freyja macht gar keinen freudigen Gesichtsausdruck. Sie blickt verwundert auf ihr Tuch, das noch immer am Fenster des Autos hängt. Tom folgt ihrem Blick, rennt schnell zurück, kurbelt das Fenster einen Spalt hinunter und befreit das Tuch.

Als er es rasch ins Auto werfen will, ruft Freyja: „Nein, bringe es mir bitte!"

Tom nimmt das Halstuch. Zum Glück ist es trocken. „Ihr wart beim Tierarzt hat mir Helga erzählt", sagt Freyja streng. Dabei winkt sie mit der Hand, und Tom reicht ihr zögernd ihr Lieblingstuch, das sie nun auf dem Schoß in beiden Händen hält.

Hans lächelt sie liebevoll an. „Lupo brauchte noch einen Nachweis, dass er gesund ist. Sonst können wir ihn nicht im Flugzeug mitnehmen."

„Du hast mir wohl nicht zugehört?", sagt Freyja erbost. „Wir dürfen keine Haustiere in der Wohnung halten!"

Sie ordnet ihr Haar und wickelt es mit einem Gummi, den sie aus der Rocktasche zieht, zu einem festen Knoten. Dann nimmt sie das Tuch, legt es sich um den Hals und bindet es sich vor der Brust zusammen. Fragend sieht sie alle an.

„Ich dachte…", beginnt Hans und rudert dabei komisch mit den Armen. „Vielleicht lässt dein Vermieter ja mit sich reden. Und wenn nicht, nehme ich Lupo eben, und Tom und Jendrik können ihn jederzeit bei mir besuchen!"

„Was? Nein! Das ist mein Hund! Lupo soll doch bei mir wohnen!" Tom fängt gleich an zu weinen. „Dann ziehen wir eben um!", schluchzt er.

Jendrik steht mit dem Kuchen in der Hand neben der Bank und blickt seine Mutter bittend an. „Mama! Das geht doch schon irgendwie."

Sandor lugt aus der Jackentasche und fixiert mit den Ohren eine dicke Fliege, die sich nur wenige Zentimeter entfernt an der Hauswand sonnt und sich die Flügel putzt.

„Da siehst du, was du angerichtet hast!", schimpft Freyja mit Hans.

„Ich, wieso ich? Nicht ich habe diese Situation heraufbeschworen!"

Tom rollen Tränen über die Wangen. Lupo läuft ganz aufgeregt um seine Beine und winselt. Tom hebt Lupo hoch und drückt ihn fest an sich. Der kleine Hund leckt ihm ausdauernd die Hand. „Wenn du nicht mitkommen kannst, bleibe ich auch hier!", verspricht er seinem kleinen Hund.

„Ach, so ein Blödsinn!", sagt Freyja.

„Bei Papa dürfte ich ihn behalten!", schreit Tom, dreht sich um und rennt heulend mit Lupo über die Straße.

„Ich hasse dich! Du blöde Kuh!", ruft Tom noch. Dann verschwindet er im Hof seines neuen Freundes Marco, der gegenüber wohnt.

Freyja sieht ihm verdattert hinterher.

„Was hast du denn mit Lupo vor?", fragt Hans vorsichtig.

„Nichts, ich habe gar nichts vor. Mir stinkt es, andauernd von dir belehrt und verbessert zu werden. Vielen Dank auch, Herr Psychologe!"

Freyja hält inne und riecht angewidert an ihrem Tuch. „Igitt, was ist das denn?" Rasch bindet sie es ab und schimpft weiter. „Ich bin froh, wenn dieser Urlaub morgen endlich vorbei ist."

Freyja steht auf, marschiert los und verschwindet über die Straße im Hof gegenüber. „Tom! Tom!", ruft sie.

Helga klopft sich auf die Oberschenkel und sagt: „Ich koch uns mal einen guten Kaffee!" Dann drückt sie ihren Zigarrenstummel in einem leeren Marmeladenglas aus, das auf der Fensterbank steht.

Hans legt Jendrik die Hand auf die Schulter und schiebt ihn sachte in Richtung Eingangstür. Als Jendrik ins Haus geht, ist die Fliege spurlos von der Wand verschwunden. Sandor schmatzt.

Freyja und Tom bleiben lange bei den Nachbarn. Hans sitzt mit Helga in der Küche bei Kaffee und Kuchen, und Jendrik ist wieder in seinem Zimmer.

„Hoffentlich vertragen sie sich wieder! Ich kann Hans wirklich gut leiden", sagt Jendrik zu Sandor, als der sich aus seiner Tasche wühlt und erst einmal wild herumflattert.

„Na klar verstehen die sich schon bald wieder!", sagt Sandor. „Auf jeden Fall müssen wir jetzt noch einmal über unsere Rückreise reden!"

Sandor fliegt wie wild im Zimmer herum. Jendrik versucht, ihn weiter von seinen Plänen zu überzeugen.

Sandor will Jendrik nicht glauben, dass eine Reise im Flugzeug wunderschön ist. Aber er will auch nichts verpassen und unbedingt miterleben, was mit dem kleinen Hund passiert.

„Gut, ich komme mit", sagt er schließlich und krallt sich am Vorhang fest. „Aber nur, weil du mein bester Freund bist, schmuggle ich mich blind mit ins Flugzeug!" Jendrik ist erleichtert. Wenigstens dieses Problem ist gelöst.

„So ein Mist! Du musst mir helfen!", meckert Sandor und flattert unbeholfen. „Ich hab mich am Vorhang verheddert!"

Jendrik klettert gerade auf einen Stuhl, um Sandor zu befreien, als tapsige Schritte zu hören sind. Ohne anzuklopfen kommt Tom mit Lupo ins Zimmer. Jendrik dreht den Vorhang rasch ein, um Sandor zu verstecken.

„Jendrik! Jendrik!", ruft Tom ganz außer Atem. „Mama will probieren, mit dem ollen Geldgeier Herrn Schwendler zu reden. Sie sagt, wenn sie ihm vorschlägt, mehr Miete zu zahlen, dürfen wir Lupo vielleicht behalten!"

Tom hält inne und wundert sich, warum Jendrik auf einem Stuhl steht und den Vorhang so komisch eindreht. „Was machst du da?"

„Ich, ich", stammelt Jendrik und überlegt. „Ich wickle den Vorhang ein!"

„Und wozu soll das gut sein?", fragt Tom.

„Das beruhigt!" Jendrik ist einfach nichts Besseres eingefallen.

„Aber jetzt ist doch alles wieder gut!", meint Tom und läuft schon wieder aus dem Zimmer. Lupo folgt ihm.

Schnell lässt Jendrik den Vorhang los. „Spinnst du, ich habe fast keine Luft mehr bekommen!", schimpft Sandor. Endlich kann Jendrik ihn befreien.

Auf diesen Schreck will Sandor in der Abendsonne ein letztes Mal über seine vertrauten Häuser, Wiesen und Wälder fliegen und so Abschied nehmen.

„Bleib nicht zu lange weg!", ruft ihm Jendrik noch hinterher. Unten hört er die Stimmen der Erwachsenen. Zum Glück, sie streiten nicht mehr.

3. Kapitel
Abschied nehmen fällt schwer

Freyja, Jendrik und Hans sitzen am Tisch. Helga hat für sie das Frühstück liebevoll vorbereitet, und die gepackten Koffer stehen schon im Flur. Alle schweigen.

Jendrik ist noch müde. Er hatte lange wach gelegen und auf Sandor gewartet. Die Fledermaus kam erst spät nach Mitternacht zurück. Jetzt schläft Sandor in Jendriks Sweatshirt-Kapuze.

Hans sieht Freyja fragend an, aber Freyja erwidert seine Blicke nicht. Sie schaut nachdenklich aus dem Fenster und hält sich mit beiden Händen an ihrer großen Tasse Kaffee fest. Freyja blickt auf ihre Armbanduhr und ruft: „Wir müssen los!"

Helga will jeden einzeln umarmen. Als sie Jendrik an sich drücken will, weicht er ihr aus.

Er macht sich Sorgen um Sandor, der in seiner Kapuze schnarcht.

Schnell reicht er Helga seine Hand.

„Herzlichen Dank für Ihre Bewirtung und den perfekten Komfort!"

Freyja wundert sich über Jendriks kühle Höflichkeit.

„Wir kommen wieder!", verspricht Tom und umarmt den Nachbarjungen Marco, seinen neuen Freund.

Als Hans das vollgepackte Auto startet und sie losfahren, stehen Marco und Helga an der Straße und winken.

„Das war mein schönster Urlaub!", sagt Tom traurig und winkt heftig zurück, bis das Auto um eine Ecke biegt und Helga und Marco nicht mehr zu sehen sind.

„He, das ist ja nicht schwer. Das war ja auch dein erster Urlaub!", lacht Jendrik.

Zum Glück ist auch Lupo müde und lässt Sandor während der Fahrt zum Flughafen in Ruhe. Überhaupt ist es die ganze Fahrt über im Wagen sehr still. Am Flughafen angekommen, muss alles schnell gehen.

Freyja geht auf einen Schalter zu, an dem ein junger Mann mit blauer Uniform sitzt. Aber Hans hält sie zurück.

„Aua!", stößt Freyja einen vorwurfsvollen Schrei aus und reibt sich den Oberarm.

„Warte kurz!", sagt Hans. „Wir dürfen nicht an den Falschen geraten!"

Er betrachtet die drei Personen an den Check-in-Schaltern genau, zeigt dann auf den Schalter neben dem jungen Mann, an dem eine hübsche junge Frau sitzt, und entscheidet: „Hier hin!" Hans übernimmt Freyjas Gepäckwagen und stellt sich an.

„Hier hin! Wir dürfen nicht an den Falschen geraten!", äfft Freyja ihn nach. „Du meine Güte!"

„Wir brauchen jemand, der tierlieb ist!", erklärt Hans. Freyja zieht eine Augenbraue hoch und schweigt.

Sandor ist inzwischen aufgewacht. „Tss, tss! Klick, klick! He, Jendrik ich dreh mal 'ne Runde!"

„Am besten, du steigst schon ein, bevor die Passagiere kommen. Versteck dich im Flugzeug und warte auf mich", flüstert Jendrik ihm zu.

„Du meinst, ich fliege ein! Ja, mach ich. Falls die Tür schon offen steht!" Sandor flattert los.

Jendrik sieht ihm besorgt nach und ruft: „Hey, weißt du überhaupt in welches Flugzeug wir müssen?"

Sandor antwortet nicht und fliegt zum nächsten Ausgang.

Gerade kommt eine korpulente Frau mit einem großen Rollkoffer zur automatischen Tür ins Gebäude herein, und im Sausewind schlüpft er über ihrem Kopf hinaus. Die Frau erschrickt, schüttelt verwundert ihr lockiges Haar, streicht sich mit der Hand darüber und geht verdattert weiter.

Freyja sieht Jendrik verwundert an. „Was schreist du denn so? Uns wird gleich gesagt, wo wir hin müssen!"

Hans legt die Tierarztbescheinigung, seinen Pass und die Flugtickets der jungen Frau am Schalter vor die Nase und lächelt sie charmant an.

„All passports, please!", sagt diese. Freyja kramt in ihrer Tasche und legt alle anderen Pässe vor.

„So sweet!", sagt die junge Frau zu Tom, der Lupo auf dem Arm hält. Tom ist erleichtert, diese Frau scheint tatsächlich

37

sehr tierlieb zu sein. Alle dürfen ihre Koffer aufs Band stellen.

Dann schaut sich die junge Frau am Schalter die Pässe und die Tierarztbescheinigung an.

„Do you have a waterproof bag for the little dog", fragt sie.

„Yes, of course!", antwortet Hans.

Die junge Frau gibt ihm alle Pässe zurück. Sie dürfen weiter und die nächsten Passagiere aus der Warteschlange rücken an den Schalter.

„Was hat die Frau denn gesagt?", fragt Jendrik. „Hat sie unsere Fälschung gar nicht bemerkt?"

„Psst, hat sie nicht. Sie wollte nur wissen, ob wir eine wasserdichte Tasche für Lupo dabei haben."

„Aber wir haben keine wasserdichte Tasche", fällt ihm Freyja ins Wort. „Und was für eine Fälschung?"

„Ach, Hans musste nur das Datum auf dem Pass vom Tierarzt fälschen, damit

Lupo mitkann!", klärt Tom sie auf und fügt erfreut hinzu: „Und es hat geklappt!"

Freyja bleibt stehen und seufzt: „Na, du bist ja ein tolles Vorbild!"

Hans schiebt den Gepäckwagen weiter, stuppst Freyja mit der Schulter an und sagt lächelnd: „Echte Persönlichkeiten brauchen keine Vorbilder!"

„Aha. Aber hattest du mir nicht erklärt, ich sollte meinen Kindern ein gutes Vorbild sein?"

„Wo bekommen wir denn jetzt eine wasserdichte Tasche her?", fragt Tom eifrig.

„Wir nehmen einfach einen großen Plastikeinkaufskorb. Ich besorg uns mal einen aus dem Duty Free Shop!"

Hans läuft los, und Tom rennt ihm mit Lupo an der Leine hinterher.

Freyja besorgt sich einen Becher Kaffee und blättert in einem Werbeprospekt.

Jendrik steht am Fenster und sieht auf die Landebahn. Er betrachtet jede Maschine, aber Sandor kann er nirgends entdecken.

4. Kapitel
Stoppt das Flugzeug!

Endlich dürfen sie ins Flugzeug einsteigen. Freyja setzt sich neben Tom. Hans und Jendrik sitzen genau hinter ihnen. Eine kleine braune Fledermaus kann er nicht sehen. Doch eine vertraute Stimme ist zu hören.

„Tss, tss. Klick-klick! Blinder Passagier meldet sich an Bord!"

Sandor hängt hinter einem blauen kleinen Vorhang gleich neben Jendriks Fensterplatz. Schnell greift Jendrik zu und lässt Sandor in seiner Kapuze verschwinden.

„Das hast du super gemacht!", lobt er.

„War gar kein Problem!", antwortet Sandor. „Ich bin gleich mit den ersten Passagieren eingeflogen. Von wegen verschärfte Kontrollen, da kann ich nur lachen!"

„Psst, sei still! Wir dürfen nicht auffallen!"

Vorsichtig verschiebt Jendrik seine Kapuze zur Seite, damit er sich anlehnen

40

und es sich auf seinem Sitz gemütlich machen kann.

Durch den Spalt zwischen den zwei Sitzen vor sich sieht er auf seinen kleinen Bruder, der mit Lupo beschäftigt ist.

Sandor rumort weiter neben Jendriks Ohr in der Kapuze. „Das war ein Kinderspiel! Von jetzt an werde ich öfter als blinder Passagier fliegen! Das Reinschmuggeln ist ja so leicht!"

Tom hat Lupo in einem großen Plastikeinkaufskorb auf dem Schoß. Aber dem Welpen scheint das überhaupt nicht zu gefallen. Er winselt und versucht immer wieder herauszukrabbeln.

„Sei jetzt lieb!", flüstert Tom. Aber seine beruhigenden Worte nützen nichts.

„Haben Sie dem jungen Hund keine Beruhigungspille gegeben?", fragt die korpulente Frau mit den lockigen Haaren, die vor Freyja und Tom sitzt.

Tom blickt Freyja fragend an.

„Nein, haben wir nicht!", antwortet
Freyja.

„Für so einen kleinen Hund wäre das
sicherlich besser!", entgegnet die Frau.

„Wir geben unserem Hund aber keine
Pillen!", sagt Tom.

„Na dann, ich wünsche einen angeneh-
men, ruhigen Flug!" Die korpulente Frau
lächelt und dreht sich wieder um.

Tom streichelt Lupo und flüstert: „So
eine blöde Idee! Du brauchst keine Beruhigungspille, stimmt's?"

Es piept, und Lämpchen über jedem Sitz gehen an. Alle sollen sich anschnallen, denn das Flugzeug wird gleich starten.

Sandor ist deshalb ganz nervös. „Tss, tss. Uihjujui! Was ist das für ein dröhnendes Geräusch?", fragt er ängstlich.

„Das sind die Turbinen!", flüstert Jendrik.

Hans lächelt Jendrik freundlich an und nickt, da er sich angesprochen fühlt. Dann vertieft er sich wieder in seine Zeitung. Die Geräusche werden noch lauter. Das Flugzeug gewinnt an Fahrt. Alle werden in ihre Sitze gepresst, als es steil in die Lüfte abhebt.

„Hätte ich nur nicht auf dich gehört!", jammert Sandor. „Ein Albtraum! Dieses Geruckel und Geschuckel! Ich hasse Flugzeuge!"

„Bald wird es besser!", verspricht ihm Jendrik.

„Alles okay mit dir?", wundert sich Hans. „Du musst keine Angst haben!"

„Ich hab keine Angst!", wehrt sich Jendrik. „Auf dem Hinflug ist mir doch auch nicht schlecht geworden!"

„Mama, Lupo fühlt sich eingesperrt! Er muss sich mal die Beine vertreten", hören sie Tom.

„Auch das noch!", stöhnt Freyja. „Das geht nicht! Er kann im Flugzeug nicht spazieren gehen!" Sie dreht sich um und blickt giftig durch den Spalt zwischen den Stuhllehnen zu Hans. „Haustiere machen ja so glücklich!"

Tom tut Lupo leid, der im Plastikkorb herumrutscht, herausklettern will und winselt. Auch Sandor wühlt unruhig in Jendriks Kapuze. Angsterfüllt kratzt er ihn sogar am Hals. „Aua!", schreit Jendrik laut.

Freyja und Hans sehen ihn besorgt an. Auch die Frau mit den lockigen Haaren dreht sich um.

„Was hast du?", fragt Freyja.

„Ach, nichts!"

Hans streichelt Jendrik über den Kopf. „Wenn du mir vorher gesagt hättest, dass du Flugangst hast, hätte ich dir mit Hypnose helfen können!"

„Ich habe überhaupt keine Angst", erwidert Jendrik. „Tom hat Schiss!"

„Überhaupt nicht", meckert Tom zurück und fragt: „Was ist das denn, Hippnose?"

„Eine Reise ins Unterbewusstsein und eine Art Tiefenentspannung", antwortet Hans.

„Ha, das hätte ich den ganzen Urlaub über gut gebrauchen können!", sagt Freyja zickig.

Ein helles Signal zeigt an, dass die Gurte wieder geöffnet werden können. Sandor jammert: „Mir ist übel! Mir ist so schlecht! Mir tun die Ohren weh!"

Jendrik hört an seiner Stimme, dass es kein Spaß ist. „Darf ich bitte mal durch!" Hans steht auf. Jendrik drückt sich an ihm vorbei und marschiert zur Toilettenkabine.

Kaum ist er in dem engen Raum, wühlt sich Sandor aus der Kapuze. Jendrik nimmt ihn besorgt in die Hände und streichelt ihn.

„Mir geht es so schlecht, ich sterbe!" Sandor verdreht die Augen, die ganz glasig sind. Auch sein Fell sieht ungewohnt zerzaust und struppig aus.

Jendrik hat Angst, dass Fledermäusen das Reisen im Flugzeug vielleicht wirklich nicht bekommt. „Wie kann ich dir helfen?"

„Das Flugzeug muss sofort stoppen!", stöhnt Sandor, und es rumort laut in seinem Bauch. „Ich muss hier raus!"

„Das geht nicht!", antwortet Jendrik.

„Wir sind 12.000 Meter hoch, es ist eiskalt draußen und es gibt keine Fenster, die man öffnen kann."

„Dann sterbe ich!", jammert Sandor. Plötzlich klopft es an der Tür.

„Hallo, Jendrik, alles in Ordnung?"

„Ja!" Jendrik räuspert sich.

„Mit wem sprichst du?"

Sandor muss sich genau in diesem Moment übergeben, und ein Klumpen halbverdauter Insektenüberreste liegt im Waschbecken.

„Ich komme gleich! Mir ist schlecht!", lügt Jendrik.

„Oh! Willst du was für den Magen?", fragt Hans durch die verriegelte Tür.

„Nein, danke. Geht schon wieder!"

Es wird still vor der Tür. „Mir schmerzen die Ohren so sehr!", jammert die kranke Fledermaus ganz kleinlaut. „Bitte befehle dem Piloten, dass er sofort landet. Egal wo!"

Sandors Stimme ist ganz schwach. Jetzt macht sich Jendrik ernsthafte Sorgen. „Was ist, wenn Sandor wirklich in Lebensgefahr ist?" Jendrik denkt nach. Da fällt ihm der Vorschlag von Hans ein. Tiefenhypnose beruhigt!

Jendrik steckt Sandor vorsichtig zurück in seine Kapuze und sagt: „Hans soll mich hypnotisieren, also nicht mich, sondern dich! Einverstanden?"

Sandor ächzt: „Wenn's hilft!" Jendrik eilt zurück zu seinem Sitz.

„Hans, glaubst du, dass ein Flug im Flugzeug Fledermäuse töten kann?"

Freyja dreht sich zu ihnen um und blickt durch den Spalt zwischen den Stuhllehnen. „Das klappt ja super! Man braucht nur einen Hund im Haus und der imaginäre sprechende Freund verschwindet für immer! Ganz toll!" Dann dreht sie sich wieder weg.

Hans atmet hörbar aus und sagt dann: „Nein, das glaube ich nicht. Ich habe mal gehört, dass plötzlich eine Fledermaus in einer Delta Airline herumgeflattert ist. Der Pilot ist umgekehrt und nur wegen der Fledermaus wieder auf dem Flughafen in Madison gelandet. Dort hat man die Fledermaus gesund und munter frei gelassen, und das Flugzeug ist wieder gestartet."

„Wirklich? Der Pilot ist nur wegen einer Fledermaus zurückgeflogen?"

Hans nickt und tippt sich an die Stirn: „Amerika!"

„Wie weit sind wir?", fragt Jendrik.

„Wir haben ungefähr die Hälfte des Fluges hinter uns! Wir sind gerade über Ungarn!"

Sandor flüstert schwach in Jendriks Ohr: „Dann flattere ich jetzt herum, und der Pilot landet in Budapest."

„Nein, warte! Lass es uns lieber zuerst mit Hypnose versuchen."

„Warum flüsterst du? Ja, wir können es versuchen!", entgegnet Hans.

Jendrik nickt. Gerade als Hans anfangen will, springt Lupo aus dem Korb und rennt den Gang im Flugzeug entlang.

„Oh, schau mal, wie süß!", rufen andere Passagiere.

Freyja und Tom eilen Lupo hinterher. Die Stewardess ist die erste, die den kleinen Ausreißer wieder einfängt. Sie ermahnt Freyja, auf das Tier besser aufzupassen. Leider habe sie keine Beruhigungspillen für Tiere an Bord, erklärt sie.

Kaum kommen sie zurück an ihre Plätze, mischt sich auch die lockige Frau vor ihnen ein: „Sie sollten gleich zu Beginn eine Hundeschule besuchen!"

Freyja reicht es: „He, mischen Sie sich nicht ein, das geht Sie überhaupt nichts an."

Die Frau schüttelt den Kopf: „Meine Güte, ich mein es doch nicht böse. Die wilden Hunde aus Rumänien sind eben nicht leicht zu bändigen! Na, Sie werden noch ihre Freude haben. Hoffentlich haben Sie einen großen Garten!"

Freyja beugt sich wieder nach hinten zu Hans. „Das ist alles deine Schuld!", flucht sie. „Blöder Besserwisser!"

Für einen kurzen Moment ist es ganz still im Flugzeug. Mehrere Passagiere sehen nun zu Hans, Freyja und den Kindern. Lupo fängt an zu winseln, und Sandor zerrt Jendrik an den Haaren.

Hans steht auf, geht nach vorn, beugt sich zu Freyja und will sie in die Arme nehmen, um sie zu beruhigen. Aber Freyja stößt ihn von sich weg, so dass Hans beinahe hinfällt.

Langsam geht er wieder zurück zu seinem Platz. Freyja stöhnt. Sie nimmt Lupo auf ihren Schoß und krault ihn. Der kleine Hund rollt sich ein und scheint tatsächlich ruhiger zu werden. Jedenfalls sagt Freyja jetzt nichts mehr, und Hans beginnt endlich, Jendrik zu hypnotisieren.

„Konzentriere dich auf einen Punkt und sieh ihn an."

Jendrik schaut auf den silbernen Griff des kleinen Fensterrollos. Sandor lugt aus der Kapuze und blickt auf Hans' linke Augenbraue.

In ruhigem Ton beginnt Hans weiter zu sprechen: „Konzentriere dich nur noch auf den einen Punkt. Während du dich auf diesen Punkt konzentrierst, wirst du immer müder und müder. Mit jedem Einatmen überkommt dich mehr und mehr eine angenehme Müdigkeit."

Jendrik entspannt sich und sieht schöne Bilder. Auch Sandors Augen werden schwer und schwerer, während Hans mit vielen Wiederholungen immer weiter spricht. Sein Atem wird ruhig, und er beginnt zu träumen.

Sandor flattert in eine Höhle. An der Decke sind dicht an dicht viele Fledermäuse. Sandor flattert dazwischen, und er spürt den Herzschlag seiner Artgenossen.

Auch Jendrik hat schöne Bilder. Er sieht sich neben seiner Freundin Lilli durch eine Löwenzahnwiese Radfahren. Er sieht Sandor in seinem Zimmer gleichmäßig an der Lampe hin und her schaukeln. Er hört schöne Musik, riecht den Duft von frisch gebackenem Kuchen und beobachtet Freyja in der Küche, wie sie einen Gugelhupfkuchen mit einem Zuckerguss bestreicht. Er sieht erneut Lilli, wie sie ihm auf dem Schulflur strahlend entgegen kommt.

Plötzlich weckt Jendrik ein lautes Schnipsen wieder auf. Er sieht Hans' Finger direkt vor seinen Augen.

„Aufwachen, wir landen!"

Jendrik ist verblüfft. „Wie? Wir sind schon da?" Ihm kommt es vor, als wären gerade erst zwei Minuten vergangen. Besorgt tätschelt er mit seinen Fingerspitzen seine Kapuze. Er fühlt Sandors warmen kleinen Körper und hört ein leises Schnarchen. Zum Glück!

Bald darauf steht die Maschine still, und alle Passagiere steigen aus. Lupo zerrt hektisch an seiner Leine. Er ist froh, endlich wieder festen Boden unter den Pfoten zu spüren.

Vor dem Flugplatz ruft Freyja ein Taxi. Sie verabschiedet sich kühl von Hans, und es ist klar, dass sie nicht mehr gemeinsam nach Hause fahren.

„Wenn du Schwierigkeiten wegen des Hundes bekommst, melde dich", sagt Hans.

„Danke, wir kommen gut allein zurecht“, entgegnet sie kühl. Freyja verstaut alle Koffer und Taschen im Kofferraum und steigt in das Taxi.

Jendrik reicht Hans die Hand: „Bis bald, ich komm dich mal besuchen!“

Tom drückt Hans fest und flüstert ihm ins Ohr: „Danke für Lupo!“

Hans streichelt Tom liebevoll über die Wange. Er geht noch einmal zu Freyja an die Fensterscheibe, aber sie öffnet weder das Fenster noch die Tür.

Als das Taxi startet, bleibt Hans allein mit seinem Koffer auf dem Gehsteig zurück.

„Nie wieder fahren wir mit einem Mann in den Urlaub!“, sagt Freyja.

„Ich mag Hans. Er kennt mich schon fast besser als Papa!“, entgegnet Jendrik.

Freyja dreht sich zu Jendrik um, sagt aber nichts. Sie wirkt bedrückt.

„Was hast du denn, Mama?“, fragt Tom.

Freyja schüttelt den Kopf. „Ach, gar nichts. Ich freu mich einfach nur auf zu Hause!"

„Ich freue mich auch", stimmt Tom zu.

„Und ich mich auch!", flüstert leise Sandor.

Jendrik streichelt Sandor zart mit den Fingerspitzen in seiner Kapuze.

Durch die Rückscheibe des Taxis sieht er Hans im Gewimmel der Menschen, Autos und Busse verschwinden.

5. Kapitel
Familiennachwuchs

Die Sonne strahlt ins Fenster. Jendrik räumt sein Zimmer auf und klebt ein schönes Werbeposter mit einer transsilvanischen Burgenlandschaft an seine Zimmerwand. Sandor schaukelt an der Deckenlampe.

„Komisch, der Mann da im Hof schaut immer hier hoch. Ich glaube, eure Klingel ist kaputt!", ruft Sandor und schlägt hektisch mit den Flügeln, um das Schaukeln zu stoppen.

„Wieso?", fragt Jendrik und blickt aus dem Fenster. Sofort rennt er aus dem Zimmer und schreit freudig durch die ganze Wohnung: „Papa, Papa ist da!"

Tom, der gerade mit Freyja Pizzateig knetet, rennt seinem großen Bruder hinterher. An seinen Händen kleben noch Hefeteigreste.

Jendrik reißt die Wohnungstür auf.

Von unten sind Schritte zu hören. Freyja will Jendrik zurückhalten, aber er stürmt die Treppe hinunter seinem Vater entgegen. „Jendrik, bleib bitte hier, ich muss dir noch etwas sagen!", ruft sie, doch er hört nicht. Im Gegenteil, er nimmt immer gleich zwei Stufen auf einmal. Und dann sieht er ihn. Da steht sein Vater und neben ihm seine neue Frau Carmen. Er hält ein Baby auf dem Arm.

Jendrik erstarrt. „Hallo, Papa!", sagt er verdattert.

Freyja kommt nun mit Tom dazu. „Warum habt ihr nicht angerufen?", begrüßt sie die beiden verzweifelt.

„Habe ich ja die ganze Zeit versucht!", entschuldigt sich Jendriks Vater. Freyjas Stimme hallt im Treppenhaus: „Wir sind eben erst gekommen, und im Urlaub schalte ich mein Handy aus!"

Lupo begrüßt alle freudig und wedelt mit dem Schwanz. Jendrik und Tom trauen ihren Augen nicht. Beiden Jungen hat es die Sprache verschlagen. Papas neue Frau beugt sich zu Tom herunter und zeigt stolz auf ihr Baby: „Das ist Pia! Sie ist 19 Tage alt. Schau, du hast jetzt eine kleine Halbschwester!"

Dann streckt sie Tom ihre Hand entgegen. „Ich freue mich, dich endlich kennenzulernen!"

Tom reicht Carmen seine verklebte Teighand, und mit ernster Miene sagt er höflich:

„Guten Tag!" Nun will sie Jendrik begrüßen, aber er dreht sich um und geht zurück in die Wohnung.

Während im Treppenhaus weiter gestaunt, geschluckt, Entschuldigungen und Erklärungen ausgesprochen werden, versucht Sandor in Jendriks Zimmer verzweifelt, den Fenstergriff zu öffnen. So viel Besuch ist ihm nicht geheuer. „Mist, jetzt sitz ich in der Falle", flucht er.

Sandor krallt sich mit beiden Daumen am Fenstergriff fest, stemmt sich mit seinen Zehen gegen den Fensterrahmen und zieht und zieht. Er schafft es aber nicht, den Griff zu bewegen und das Fenster zu öffnen. Dann hört er Stimmen näherkommen. Sandor fliegt schnell zum Bücherregal und versteckt sich hinter einem Tierlexikon.

Freyja bittet alle herein. Jendrik eilt zurück in sein Zimmer. Er knallt die Tür hinter sich zu. Da kein Schlüssel im Schloss

61

steckt, schiebt er seine große Seemannskiste mit aller Kraft vor die Tür. Dann setzt er sich auf den Bettrand. Sein Kopf ist feuerrot und Tränen laufen ihm über die Wange.

Freyja versucht von außen die Zimmertür zu öffnen. „Jendrik, mach bitte die Tür auf!"

Aber Jendrik rührt sich nicht und bleibt auf dem Bett sitzen.

Vor der Tür ist nun auch eine vorwurfsvolle männliche Stimme zu hören: „Warum hast du es den Kindern nicht gesagt?"

„Weil das deine Aufgabe ist!", schimpft Freyja verzweifelt.

„Außerdem wollte ich es ja, aber erst nach unserem Urlaub. Das ist so typisch, dass du ohne Vorankündigung hier reinmarschierst und gleich wieder so tust, als ob alles immer meine Schuld ist."

Jendrik legt sich aufs Bett. Er hält sich die Ohren zu. Trotzdem hört er seinen Vater rufen: „Jendrik, komm mach auf!"

„Lass mich in Ruhe!", plärrt Jendrik zurück.

„Lass mich doch mit dir reden!" Sein Vater entschuldigt sich, es würde ihm Leid tun. Er beteuert seine Liebe und bittet Jendrik immer wieder, die Tür zu öffnen. Aber Jendrik rührt sich nicht vom Fleck.

Jetzt wird vor seinem Zimmer geflüstert. Dann wird es still.

Sandor wartet eine Weile und kriecht dann hinter dem dicken Buch hervor.

Er fliegt aufs Kissen neben Jendriks Kopf, hebt einen Flügel und streicht über sein Haar. Mit seinem einzigen Daumen am Flügel kitzelt er zart über Jendriks Wange. „Was ist denn los?“, will er wissen.

Jendrik dreht sich um und sieht Sandor an. „Ich glaube, er wollte schon immer lieber ein Mädchen! Ich bin ja auch nur ein dummer, hässlicher Junge!“ Jetzt fängt Jendrik erst richtig an zu weinen. Sandor versucht weiter, ihn zu trösten.

„Blödsinn, du bist nicht dumm! Du bist der hübscheste und beste Junge, den ich kenne!“

„Aber du kennst ja gar nicht so viele!“, hält Jendrik dagegen. Dann wischt er sich die Tränen ab und schmiert sie mit der Hand an seine Hose.

„Ich habe meinem Papa geschrieben, ob ich bei ihm wohnen darf.“

„Was, du willst wegziehen?“

„Das war vor ein paar Monaten! Da kannte ich dich noch gar nicht. Aber er wollte mich ja sowieso nie haben!"

Sandor kratzt sich am Kopf und flüstert: „Tss, tss! Dann müsste er ja ein sehr dummer Mann sein. Und das glaube ich nicht, bei so einem tollen Sohn."

Ein leises Klopfen ist zu hören. Es ist Tom: „Jendrik! Darf ich rein? Ich will mich auch einschließen." Jendrik wischt sich die restlichen Tränen mit dem Ärmel aus dem Gesicht. Sandor flattert wieder zurück zum Bücherregal und versteckt sich.

Jendrik schiebt die Kiste ein Stück zur Seite. Tom und Lupo quetschen sich durch den Spalt. Als die beiden im Zimmer sind, zerrt Jendrik erneut die Kiste vor die Tür.

Die beiden Brüder sitzen nun nachdenklich nebeneinander auf dem Bett. Lupo springt zu ihnen hinauf, quetscht sich zwischen beide und knabbert an Jendriks Decke.

„Phh, Pia. Die hat nicht einmal Haare auf dem Kopf!", sagt Tom. „Unsere halbe Schwester ist voll doof!"

„Viele Babys haben 'ne Glatze!", antwortet Jendrik.

„Ja, aber die kann noch nicht mal sprechen! Und laufen kann sie auch nicht. Die kann überhaupt nichts!" Neugierig schaut Lupo zum Bücherregal und wedelt aufgeregt mit dem Schwanz. Jendrik steht auf und öffnet das Fenster.

„Unsere arme Mama, die sitzt jetzt mit Papa und Carmen und dem blöden Baby allein in der Küche."

Jendrik nickt. Er wischt sich wieder Tränen aus den Augen. „Arme Mama", wiederholt Tom leise und drückt Lupo ganz fest an sich.

Jendrik schnieft, atmet tief durch und schiebt dann langsam die Kiste beiseite. „Wir sollten sie nicht allein lassen. Komm, wir gehen lieber zu ihr!"

Kaum sind die beiden Jungen aus dem Zimmer, flattert Sandor über Lupos Kopf hinweg aus dem Fenster. Lupo springt vom Bett auf den Tisch und bellt ihm schwanzwedelnd hinterher.

Sandor lässt sich vom Wind über die Dächer tragen. Dabei erinnert er sich an das Gefühl, neben anderen Fledermäusen in der Abenddämmerung auszuschwärmen. Die vielen Flügelschläge neben ihm klangen wie ein einziges lautes Brummen.

Eine Familie zu haben, das war schon schön.

Aber zum Glück hat Sandor ja jetzt Jendrik. Und er will ihn nie wieder verlieren. Tom und Freyja, sogar Lupo gehören dazu. Das ist zwar eine ungewöhnliche Fledermausfamilie, aber schließlich ist er ja selbst eine sehr spezielle Fledermaus.

Erst am Abend sehen sich Sandor und Jendrik wieder.

„Und?", fragt Sandor neugierig.

„Er hat mich gefragt, ob ich wirklich bei ihm in Norwegen leben möchte!"

Sandor erschrickt.

„Keine Sorge!", beruhigt ihn Jendrik.

„Ich soll darüber nachdenken und mir Zeit lassen mit der Entscheidung. Und wenn, dann wäre das sowieso erst zum nächsten Schuljahr."

„Schon so bald? Und deine Mutter, Lilli und der arme Tom! Hans wäre bestimmt auch ganz traurig."

Jendrik zieht seine Hose aus und wirft sie auf den Stuhl.

„Tom will auf jeden Fall bei Mama bleiben. Er ist sich ganz sicher!"

Sandor zerrt an Jendriks Ärmel: „Und was ist mit mir? Was, wenn es in dieser neuen Schule keinen Rollokasten im Klassenzimmer gibt? Und selbst wenn: Ich verstehe doch gar kein Norwegisch!"

„Du kannst das bestimmt schnell lernen!" Jendrik ist gerade nicht zum Diskutieren zumute. Er will seine Ruhe haben. Obwohl es noch früh am Abend ist, hat er sich schon in seine Bettdecke eingemummelt.

„Früher habe ich mir das immer gewünscht, dass ich bei Papa wohne, aber mit Mama und Tom. Nicht mit so einer blöden Halbschwester und einer bescheuerten neuen Frau. Außerdem ist Mama dann ganz traurig."

Jendriks Augen werden erneut feucht. „Ich habe doch beide lieb!"

Sandor fliegt neben Jendrik auf die Bettdecke. „Also, ich möchte auf jeden Fall bei dir bleiben!" Er hebt seine Stimme, und mit krächzendem hohen Ton fügt er feierlich hinzu: „Notfalls lerne ich sogar Norwegisch!"

Jendrik streichelt Sandor am Bauch. „Ich hab dich lieb!"

„Ich dich auch!", antwortet Sandor und krabbelt mit unter die Decke. „Und deine Eltern haben dich bestimmt auch beide sehr lieb."

6. Kapitel
Wo ist Frau Schmidt?

Der erste Schultag nach den Ferien beginnt hektisch. Alle vier, Freyja, Jendrik, Tom und sogar Sandor haben verschlafen. Tom dachte, Jendrik hätte den Wecker gestellt und Jendrik dachte, seine Mutter hätte den Wecker gestellt. Freyja hatte den Wecker gestellt, aber im Halbschlaf wieder ausgedrückt. Sandor hatte bei Jendrik unter der Bettdecke so tief geschlafen, wie schon lange nicht mehr. Die Fledermaus musste sich nach der vielen Aufregung der letzten Tage erst einmal richtig erholen.

So bleibt keine Zeit zum Frühstücken, und Jendrik kommt gleich am ersten Schultag zu spät.

Auf dem Weg zur Schule stellt er sich Frau Schmidts Gesichtsausdruck vor, wenn er das Klassenzimmer betritt.

Sandor ist schon vor ihm in der Schule. Sein direkter Luftlinienweg über die Dächer der Stadt ist wesentlich kürzer und zudem zeitsparender als Jendriks Weg mitten durch den zähen Straßenverkehr. Er bezieht wieder seinen vertrauten, gemütlichen Rollokasten. Als er durch den Spalt in die Klasse lugt, sieht er, dass direkt unter ihm zwei andere Kinder sitzen.

Als Jendrik mit einem Apfel in der rechten Hand und einem Joghurtbecher samt Löffel in der linken Hand hereinkommt, staunt er nicht schlecht. Statt Frau Schmidt steht da ein schlanker, hochgewachsener, junger Mann. Er zieht seine Weste straff, räuspert sich und begrüßt die Schüler: „Guten Tag, einige kennen mich ja schon vom Sehen. Mein Name ist Herr Lersikow. Ich bin jetzt der neue Direktor und derzeit auch euer Klassenlehrer." Er sieht Jendrik streng an und befiehlt ihm: „Setz dich bitte hin!"

Jendrik aber stellt erstaunt fest, dass sein Platz hinten im Klassenzimmer besetzt ist.

Lilli winkt ihn rasch zu sich: „Komm hier her!" Sie hat extra den Sitz neben sich freigehalten.

Jendrik hängt seinen Schulranzen an den Haken der Bank, verstaut sein Frühstück und setzt sich neben Lilli. „Was ist denn los? Wo ist Frau Schmidt?", flüstert Jendrik.

„Sie ist krank!", antwortet Lilli.

Friedrich sitzt neben Bernhard direkt vor den beiden.

Friedrich dreht sich um, lehnt seinen Arm auf Jendriks Tisch und sagt: „Quatsch, die ist nicht krank. Ich hab' die gestern auf dem Rad im Park gesehen! Da sah sie quietschfidel aus."

„Komisch!", wundert sich Jendrik. Auch wenn er verblüfft über den neuen Schuldirektor ist, freut er sich, endlich Lilli wiederzusehen.

Jendrik schaut sich alle anderen Kinder in der Klasse an. Er ist der einzige Junge, der neben einem Mädchen sitzt. Aber das stört ihn überhaupt nicht. Im Gegenteil: Er ist sogar stolz.

Es gibt nur ein Problem – die Schulbank steht falsch! Er will mit Lilli unter Sandors Rollokasten sitzen.

„Danke für deine Postkarte und den Brief", flüstert Lilli. Jendrik grinst.

Der neue Klassenlehrer schaut Jendrik und Lilli ernst an, ermahnt sie, still zu sein und fährt fort: „Wir werden hier zusammen Einiges ändern! Euer Klassendurchschnitt ist viel zu schlecht. Wir müssen das Niveau der Klasse drastisch heben."

Friedrich plappert einfach los, ohne sich zu melden: „Was heißt Niveau? Und was ist drastisch?"

Manche Kinder lachen. Aber der neue Lehrer findet das gar nicht lustig.

„Melde dich bitte, wenn du Fragen hast! Niveau bedeutet in diesem Fall Bildungsstand. Den müssen verbessern! Und damit fangen wir jetzt gleich an! Holt eure Federmappen heraus!"

Der neue Direktor steht vorne und redet und redet.

Die Schüler müssen mitschreiben, still sitzen, zuhören und alle spüren, dass die Stunden mit ihm nicht sehr lustig werden.

„Schule ist keine Ausflugsbahn. Hier werden die Weichen für eure Zukunft gestellt", sagt er mit finsterer Miene und fügt hinzu: „Ob ihr später eine Führungskraft werdet, die sagt, was zu tun ist, oder ob ihr Angestellte seid, die tun müssen, was gesagt wird, das legt ihr jetzt schon mit euren Noten fest."

Friedrich quatscht abermals los, ohne sich zu melden: „Sind Sie nicht selbst Angestellter? Da waren Sie wohl nicht so gut in der Schule?"

Wieder bringt Friedrich die ganze Klasse zum Lachen.

„Bei mir meldet ihr euch. Und da ich dich bereits einmal ermahnt habe, gibt es jetzt einen Eintrag ins Klassenbuch." Friedrich stöhnt.

Gleich in der ersten kurzen Pause fragt Jendrik Lilli, ob sie sich mit ihm nach hinten unter den Rollokasten setzen könnte. „Wir müssen nur die Plätze mit den anderen tauschen!"

Aber Lilli will nicht. „Warum willst du denn so weit nach hinten in die Ecke?"

„Da sind wir weg von Friedrich und Bernhard", antwortet Jendrik und freut sich, dass er nicht einmal gelogen hat. Lilli will trotzdem nicht.

„Ich überlege es mir noch!"

„Aber bitte nicht zu lange!", sagt Jendrik.

Dann geht der Unterricht weiter. Jendrik gibt sich große Mühe, allem zu folgen, aber er kann sich einfach nicht konzentrieren. Er denkt an Norwegen, an Freyja, an Lilli, an Tom, sogar über den halbstarken Friedrich denkt er nach.

Auch Sandor kann sich nicht auf den Unterricht konzentrieren. Er ist unruhig, weil sein Freund falsch sitzt. Aus Wut darüber bewirft er einen Jungen unter sich mit kleinen Steinchen, die er mühselig aus dem Mauerwerk puhlt. „Na wartet, ich werde euch schon vertreiben! Tss, tss, klick, klick", zischt Sandor. Er zielt und trifft.

„Was soll das?", ruft der Schüler unter ihm und sieht seinen Sitznachbarn wütend an. „Warum bewirfst du mich mit Steinchen?" Der andere Junge streitet alles ab. Sandor wirft erneut einen kleinen Stein. „Spinnst du! Was soll das?", ruft der Schüler.

„Ich war das nicht!", empört sich der andere Junge.

Tatsächlich hat Sandors heimtückische Aktion Erfolg. Denn der Lehrer befiehlt den beiden, sich ganz nach vorne zu setzen, damit er sie besser im Blick haben kann.

„So, jetzt ist der Platz wieder frei!", freut sich Sandor und lehnt sich zufrieden in seinem Rollokasten zurück.

„Und nun zu den Hausaufgaben!", fährt Herr Lersikow fort und verteilt kopierte Aufgabenblätter. Die Kinder maulen. Es sind so viele Aufgaben wie noch nie. „Alle Hausaufgaben sind vollständig bis morgen zu erledigen!"

Große Aufregung im Klassenzimmer!

„Solange ich hier bin, wird gemacht, was ich sage!", befiehlt der Lehrer.

Jendrik streckt seinen Arm. „Wann kommt Frau Schmidt denn eigentlich wieder?"

„Möglicherweise überhaupt nicht mehr!", entgegnet der Lehrer. Gemurmel kommt im Klassenzimmer auf. „Und jetzt Ruhe!"

Diese Nachricht macht auch Sandor ganz nervös. „Wenn Jendrik nun jeden Tag so viel lernen muss, haben wir gar keine Zeit mehr für Abenteuer. Das kann ich nicht zulassen!", denkt er sich.

Sandors Rollokasten hat zwei Zugänge. Einen zum Klassenzimmer und einen hinaus auf den Schulhof. Schule ist heute sowieso doof, und deshalb krabbelt er zur Schulhofseite hinaus, erhebt sich wild flatternd in die Lüfte und fliegt über die Dächer der Stadt geradewegs bis zu einem kleinen

Haus, in dem Jendriks alte Lehrerin am Stadtrand lebt.

Vor dem Haus klammert sich Sandor an einem Ast fest und staunt. Frau Schmidt sitzt auf ihrer Terrasse, steckt ein weißes Taschentuch in einen Zylinder und zieht dann mehrere bunte Tücher, die alle aneinander geknotet sind, wieder heraus.

„Die alte Lehrerin ist eine richtig gute Zauberin. Sie sieht überhaupt nicht krank aus. Also kann sie auch morgen wieder in die Schule kommen!", denkt Sandor, „Oder?"

Nach dem Unterricht trödeln Jendrik und Lilli auf dem Nachhauseweg. Das ärgert Sandor, der inzwischen von seinem Spionageausflug zurückgekehrt ist und seinem Freund nun dringend etwas wirklich Wichtiges zu erzählen hat.

Ohne dass Lilli ihn bemerkt, folgt Sandor den beiden. Jendrik sieht Sandor, ist aber mit Lilli so ins Gespräch vertieft, dass er gar nicht darauf reagiert, als Sandor ihm von einer Dachrinne aus aufgeregt zuwinkt. Immer wieder bleiben die beiden stehen und kommen nur im Schneckentempo vorwärts. Das nervt Sandor. Er saust extra tief ein paar Runden über die Köpfe der beiden. Aber Jendrik winkt nur ab, und Lilli scheint überhaupt keine Augen im Kopf zu haben.

„Mein Vater hat mich gefragt, ob ich in Norwegen bei ihm wohnen möchte", erzählt Jendrik.

„Was, willst du etwa wegziehen?"

Jendrik gefällt das Gefühl, dass Lilli

ihn hier bei sich haben will. Ihr sorgen-voller Gesichtsausdruck beeindruckt ihn. Es macht ihn sogar ein bisschen stolz. „Ja, viel-leicht gehe ich zu ihm!", antwortet Jendrik lässig. „Norwegen ist doch cool!"

Lilli bleibt wie angewurzelt stehen und zischt ihn an: „Du bist gemein!" Dann rennt sie einfach davon.

Jendrik ist völlig verdattert. „Lilli, Lilli warte!"

Aber sie reagiert nicht, dreht sich nicht um und flitzt um die Ecke. Als Jendrik sie so davonrennen sieht, tut ihm sofort leid, was er gerade gesagt hat.

Sandor hingegen findet dieses Lilli-Problemchen jetzt überhaupt nicht so wich-tig. Er flattert auf Jendriks Schulter und befiehlt: „Jendrik! Du musst mich unbe-dingt morgen um kurz vor 10 Uhr in Herrn Lersikows Büro einschleusen, da trifft sich Frau Schmidt mit dem neuen Direktor! Sie ist gar nicht richtig krank!"

„Was?" Jendrik staunt, woher Sandor das alles weiß.

Sandor erzählt von seinem heimlichen Besuch bei Jendriks Lehrerin, ihren Zauberdarbietungen und wie sie dann plötzlich durch einen Anruf von Schuldirektor Lersikow unterbrochen wurde.

„Ja, ich muss dich in sein Büro schmuggeln!", stimmt Jendrik zu. „Und dann erfahren wir, was passiert ist!" Nachdem er den jungen Herrn Lersikow kennengelernt hat, findet Jendrik die olle Frau Schmidt eigentlich gar nicht mehr so übel.

7. Kapitel
Es ist alles nicht so einfach

Zuhause läuft Freyja mit Lupo an der Leine dem Hausverwalter über den Weg. Als sie gerade erklären will, warum sie den Hund noch nicht bei ihm angemeldet hat, winkt dieser nur freundlich ab und antwortet gelassen, dass dies überhaupt kein Problem sei. Er freue sich für sie und die Kinder. Doktor Belz habe schon alles für sie geregelt. Freyja ist sprachlos.

Als Jendrik aus der Schule zurückkommt, hört er wie seine Mutter wütend mit Hans telefoniert. Sandor ist nicht da. Er dreht draußen noch eine Runde, um Jagd auf einige fliegende Leckerbissen zu machen: kurzlebige Eintagsfliegen, dickköpfige Dickkopffliegen, faule Faulfliegen und zickige Schnepfenfliegen.

„Nein. Ich komme gut alleine klar!", faucht Freyja ins Telefon. „Und ich brauche deine Hilfe nicht! Hinter meinem Rücken mit dem Vermieter zu verhandeln, das passt mir überhaupt nicht!"

Sie begrüßt Jendrik mit einem kurzen Kopfnicken und weist mit dem Zeigefinger zum Computer in ihrem Zimmer. „Papa hat dir geschrieben!"

Jendrik geht an Freyja vorbei und setzt sich direkt an ihren Computer.

Jendriks Vater hat ihm eine sehr lange E-Mail und viele Fotos von Norwegen gesendet. Es sind sehr schöne Bilder. Ein großes Holzhaus mit einer weißen Holz-veranda und Fensterläden. Jendrik hätte dort ein helles Zimmer mit einem eigenen Balkon. Sein Vater schreibt, dass für Jendrik und Tom das Haus jederzeit offen stünde.

Freyja kommt dazu und sieht still auf den Bildschirm. „Ich wollte dir nur sagen, dass ich verstehen kann, dass du deinen Papa vermisst", sagt sie schließlich und seufzt. „Ich möchte nicht, dass du zu deinem Papa ziehst, aber wenn du es willst, würde ich das akzeptieren. Es ist ja auch etwas ganz Besonderes, die Möglichkeit zu haben, im Ausland zu leben. Und ich hätte dich trotzdem immer lieb. Immer! Ich möchte nur, dass du das weißt."

„Ja, ich weiß!" Jendrik sieht seine Mutter zärtlich an.

Freyja hebt entschuldigend die Arme: „Tja! Es ist eben alles nicht so einfach."

„Liebst du denn Papa überhaupt nicht mehr?", fragt Jendrik.

„Nein!", kommt es wie aus der Pistole geschossen. „Zwischen uns beiden ist zu viel passiert."

Freyja verzieht ihren Mund zu einem schiefen Lächeln. „Aber natürlich bleiben wir über euch Kinder immer miteinander verbunden. Irgendwie müssen wir ja miteinander klarkommen."

Dann geht sie wieder aus ihrem Zimmer.

„Toll von Hans, dass er das mit Lupo geregelt hat, stimmt's?", ruft Jendrik ihr hinterher.

Freyja bleibt kurz stehen und streicht sich mit beiden Händen angestrengt über ihr Gesicht. Sie verschwindet im Flur und Jendrik hört, wie sie Schuhe in die Schuhschrank räumt. „Nein. Er hätte es mit mir besprechen sollen", ruft sie zurück. „Ich kenne ihn kaum, und er mischt sich sofort in mein Leben ein. Das tut man nicht!"

„Hach, gibt es hier schon wieder Streit!",
meckert Sandor. Er hängt kopfüber am
Fensterahmen von Freyjas Zimmer und hat
alles mitangehört. „Ich finde Hans nett,
und er ist verliebt in Freyja! Er muss es ihr
einfach noch ein bisschen länger beweisen."

„Naja, ich weiß nicht", entgegnet ihm
Jendrik. „Da könnte Superman kommen,
und meine Mutter hätte trotzdem was zu
meckern!"

Sandor fliegt auf Jendriks Schulter, und
gemeinsam gehen sie in Jendriks Zimmer.

Jendrik muss Hausaufgaben machen.

Den ganzen Tag Schule und dann auch
noch so viele Hausaufgaben. Seine Mutter
hatte recht: Es ist eben alles nicht so einfach.

8. Kapitel
Geheimagent Sandor

Jendrik steht an die Hauswand gelehnt und pfeift. Es ist so ein wildes Durcheinander auf dem Schulhof, dass keiner den Pfiff hört, jedenfalls reagiert kein Kind darauf.

„Sandor, los, wir müssen uns beeilen!" Sandor kommt aus dem Rollokasten geflattert und verschwindet schnell in Jendriks Kapuze.

„Wir sind spät dran", sagt Jendrik und macht sich auf den Weg zum Büro des Schuldirektors. Es ist kurz vor 10 Uhr. „Also, mach dich bereit!", flüstert Jendrik.

„Alles klar!", antwortet Sandor. Jendrik klopft an.

„Herein!", dringt Direktor Lersikows Stimme durch die Tür. Jendrik tritt zaghaft ins Büro. Ein Fenster ist gekippt. Das bedeutet, dass Sandor jederzeit wieder aus dem Zimmer heraus fliegen kann, und Jendrik nicht erneut unter einem blöden Vorwand ins Büro des Direktors gelangen muss, um Sandor zu befreien.

Herr Lersikow schaut Jendrik verwundert an: „Was gibt es? Mach schnell. Ich habe gleich einen Termin."

Jendrik spürt, wie Sandor in seiner Kapuze krabbelt und sich zum Abflug bereit macht.

„Ja, also, mmh…", stottert Jendrik, streckt seinen Arm aus und zeigt hinter Herrn Lersikow: „Da!"

Herr Lersikow dreht sich um und schaut verwundert auf einen Schrank. Diese Sekunde nutzt Sandor und fliegt aus der Kapuze zu einer Kommode. Dort versteckt er sich hinter einer silbernen Kaffeekanne. Die Kanne wackelt.

„Was ist da?", fragt Herr Lersikow.

„Haben Sie in dem Schrank Bücher?", fragt Jendrik unsicher.

Herr Lersikow schüttelt verwundert den Kopf: „Nein, da sind Aktenordner drin! Was suchst du denn für ein Buch?"

Jendrik überlegt kurz: „Eine Biografie über den Erfinder des Einmaleins!" Herr Lersikow kratzt sich verlegen am Kopf. Jendrik fügt rasch hinzu: „In der Schulbibliothek habe ich nichts gefunden."

„Hm. Dann kann ich dir auch nicht weiterhelfen. Wie heißt der denn überhaupt?"

Jendrik stottert: „Eh … äh …!"

Er hört Sandors leise Stimme hinter der Kaffeekanne vorsagen: „Alberius von Quantanien".

Jendrik spricht langsam nach: „Alberius von Quantanien".

Der Schuldirektor tippt sich mit der Handfläche auf die Stirn: „Ach ja, Alberius, jetzt fällt es mir auch wieder ein. Aber nein, ich kann dir da leider nicht helfen. Such doch im Internet!"

„O.k., danke, auf Wiedersehen!" Jendrik dreht sich um und geht zur Tür hinaus.

Plötzlich steht Frau Schmidt vor ihm. „Guten Morgen", grüßt sie ihn flüchtig und betritt angespannt den Raum.

Jendrik grüßt zurück, aber Frau Schmidt schließt schon die Tür hinter sich.

Da klingelt es, und Jendrik eilt ins Klassenzimmer. Sie haben jetzt Religion bei einem neuen Lehrer.

Jendrik ist gespannt, was Sandor ihm später alles erzählen wird. Lilli schmollt leider noch immer. Seitdem er ihr gesagt hat, dass er überlegt, zu seinem Vater zu ziehen, tut sie so, als sei er Luft.

Jendrik hat deshalb wieder seinen alten Platz unterm Rollokasten bezogen und sitzt allein. Lilli sitzt in der zweiten Bank von vorne. So kann er sie wenigstens gut beobachten.

Nach einer ruhigen und erholsamen Religionsstunde, in der alle Schüler malen durften, unterrichtet wieder Herr Lersikow.

Er ist gleich zu Beginn des Unterrichts mit dem Anschreiben der neuen Hausaufgabenliste beschäftigt. Dann sammelt er die Hausaufgaben von gestern ein und sagt ganz nebenbei, dass diese benotet werden.

Vor allem Friedrich ist darüber entsetzt, denn er hat überhaupt keine Hausaufgaben gemacht. Weder für Deutsch, noch für Mathematik und für Erdkunde auch nicht.

Friedrich beteuert, dass er erst am Abend spät nach Hause gekommen ist. Er will aber nicht verraten, wo er war. Herr Lersikow hat dafür kein Verständnis, und Friedrich bekommt einen weiteren Eintrag ins Klassenbuch.

Die Unterrichtsstunden beim neuen Direktor sind wirklich anstrengend und ermüdend. Er redet und redet, diktiert und ermahnt. Vor allem Friedrich, dem es schwer fällt, ruhig zuzuhören, hat mit Herrn Lersikow arge Probleme. Die beiden geraten immer wieder aneinander.

„Halloo-o, kuckuck, bin wieder da!", hört Jendrik auf einmal Sandors Rufen.

Die Fledermaus ist in ihren Rollokasten zurückgekehrt und völlig außer Rand und Band. „Ein Zauberkurs! Das ist mein Traum! Ich bin der beste Zaubermeister. Wo gibt es schon eine Fledermaus, die lesen, rechnen und zaubern kann!" Sandor ist kaum zu bremsen.

„Psst, Sandor, ich muss mich konzentrieren", flüstert Jendrik.

Sandor aber nimmt keine Rücksicht und quatscht einfach weiter: „Ich könnte unter bunten Tüchern aus einem Zylinder schweben oder im Dunkeln mit Glüh-würmchen jonglieren."

Jendrik wird das zu viel: „Halt jetzt end-lich dein Plappermaul!", ruft er aus Ver-sehen etwas zu laut. Alle Kinder drehen sich zu ihm um.

Herr Lersikow fühlt sich angesprochen, verstummt, zeigt auf Jendrik und sagt: „Du, da hinten!"

Jendrik tippt sich erschrocken auf die Brust. „Meinen Sie mich?"

„Ja, wie heißt du noch?"

„Jendrik!"

„Du nimmst jetzt sofort deine Sachen und setzt dich hier nach vorne!" Er zeigt auf den Platz neben Lilli.

Friedrich fängt zu kichern an: „Ja, du, halt endlich dein Plappermaul!", kommen-tiert er frech.

Er prustet plötzlich laut los und bekommt vor Lachen einen feuerroten Kopf.

„Lass mich in Ruhe!", faucht Jendrik.

„Und du hältst dein Plappermaul!"

„Sind hier denn alle verrückt geworden?", schreit Herr Lersikow.

Mit ausgestrecktem Arm zeigt er zur Tür. „Ihr geht jetzt bitte vor die Tür, bis ihr euch beruhigt habt und ich euch wieder reinhole."

„Plappermaul! Plappermaul!" Friedrich hält sich den Bauch vor Lachen und verlässt grinsend das Klassenzimmer. Jendrik folgt ihm mit gesenktem Kopf.

Im Flur ist es leise. Nur die gedämpften Stimmen von Lehrern und Schülern dringen durch die Türen.

Jendrik setzt sich auf eine Fensterbank. Friedrich stellt sich vor ihn und stupst ihn mit der Faust gegen die Schulter. „Na, du Würstchen! So schlimm ist das nicht. Ich bin schon ganz oft rausgeworfen worden."

Jendrik rutscht ein Stück zur Seite. „Lass mich!"

Friedrich grinst: „Du krachst ja ganz schön auf. Das war gerade echt cool. Der Lersikow ist nicht nur ein Plappermaul, der ist sogar ein richtiger Ober-Klugschwätzer."

Jendrik nickt. „Hmm, für den zählen nur Noten, sonst nichts."

Friedrich holt einen Kaugummi aus der Hosentasche. „Das stimmt. Meine Mum hat er deshalb schon angerufen und ihr empfohlen, mich auf eine andere Schule zu schicken. Dabei kennt er mich noch gar nicht."

Jendrik nickt. „Ja, Frau Schmidt war da besser! Wir müssen sie wieder zurückholen!"

Friedrich steckt sich den Kaugummi in den Mund und fragt: „Hä, wie denn?"

Jendrik zuckt mit den Schultern: „Keine Ahnung! Wenn ich es weiß, sage ich es dir!"

Friedrich steht auf und reicht Jendrik die Hand: „Okay, Kumpel! Bin dabei, wenn du Hilfe brauchst." Jendrik grinst.

Da öffnet sich die Klassentür, und Herr Lersikow kommt zu den beiden in den Flur: „Wollt ihr nun wieder am Unterricht teilnehmen, ohne zu stören?"

Jendrik nickt stumm, und Friedrich lässt eine Kaugummiblase vor dem Mund zerplatzen. Deshalb darf nur Jendrik wieder

zurück ins Klassenzimmer. Friedrich muss noch eine Weile draußen bleiben.

Im Klassenzimmer muss sich Jendrik nun wieder neben Lilli setzen.

„Können wir uns heute sehen?", flüstert er ihr zu.

Lilli kritzelt in ihrem Heft und antwortet nicht. Angestrengt sieht sie nach vorne.

„Bitte!", sagt Jendrik.

„Na gut", meint Lilli lächelnd, während sie in sehr ordentlicher und schöner Schrift von der Tafel abschreibt.

9. Kapitel
Ein Neuanfang

Tom spielt bei seinem Freund, und Freyja arbeitet bis zum Abend im Blumenladen. So sind Jendrik, Sandor und Lupo allein zu Hause.

Sandor hängt kopfüber am Bücherregal und erzählt Jendrik von dem Gespräch zwischen Herrn Lersikow und Frau Schmidt.

„Also, nochmal von vorne!", bittet ihn Jendrik.

„In Ordnung! Frau Schmidt hat sich krank gemeldet, weil sie den Streit an der Schule mit dem neuen Direktor nicht mehr aushält!"

Lupo schläft auf dem Teppich in Jendriks Zimmer und träumt. Er winselt, zuckt und zappelt mit den Beinen, als ob er rennen würde.

„Ha? Wieso haben die beiden denn Streit?", will Jendrik wissen.

„Also …" Sandor lässt sich von den Geräuschen des Hundebabys nicht stören und erzählt weiter. „Frau Schmidt hat ihn beleidigt und kritisiert! Bei einer Konferenz vor den Ferien hat sich Herr Lersikow als neuer Direktor vorgestellt. Er erklärte, dass er von nun an leistungsorientierter arbeiten und mehr auf die Noten der Schüler achten wolle. Da ist ihm Frau Schmidt sehr unhöflich ins Wort gefallen."

„Aha! Und was hat sie gesagt?"

„Sie hat gesagt: Sie sind der inkompetenteste Emporkömmling, der mir je begegnet ist. Das ist ihr wohl so rausgerutscht." Sandor kichert und Jendrik staunt.

„Also, Frau Schmidt will sich auch für die schwachen Schüler stark machen?"

„Ja, so kann man es auch sagen. Und außerdem lässt sie sich nicht vertreiben", antwortet Sandor. Jetzt kommt der Punkt, der Sandor bei dem Gespräch am meisten bewegte: „Dieser Streit hat Frau Schmidt sehr aufgeregt und deshalb hat sie sich krankschreiben lassen. Ab kommender Woche ist sie nicht mehr krank, aber der Direktor will ihr eure Klasse trotzdem nicht zurückgeben. Bis sich eine Lösung gefunden hat, möchte Frau Schmidt deshalb eine Zauber-AG anbieten, um mit euch in Kontakt zu bleiben. Einen freiwilligen Zauberkurs!"

Sandor schwärmt: „Da müssen wir unbedingt mitmachen! Wir lernen zaubern, und auf dem Schulfest gibt es dann eine große Aufführung vor Publikum!"

„Unglaublich, das muss ich nachher gleich Lilli erzählen!"

„Ja, ja, mach das. Ich habe heute Nachmittag sowie noch etwas ganz anderes vor", sagt Sandor und zwinkert Jendrik mit einem Auge zu. Ohne zu verraten, was das ist, schwingt er sich aus dem Fenster in die Lüfte und flattert über die Hausdächer und Schornsteine davon.

Jendrik muss Hausaufgaben machen. Doch zuerst setzt er sich am Schreibtisch seiner Mutter an den Computer.

„Alberius von Quantanien", gibt er in die Suchmaschine im Internet ein. Diesen Namen gibt es überhaupt nicht!

Sandor hat ihn sich einfach ausgedacht, und der neue Schuldirektor ist voll darauf reingefallen.

Als Jendrik nach seinen Hausaufgaben mit Lupo zum verabredeten Treffpunkt kommt, sitzt Lilli neben ihrem Fahrrad im Gras und zupft an einer Löwenzahnblume.

Sie ist ganz hingerissen von Lupo und begrüßt ihn überschwänglich. „Oh, ist der süß. Wie putzig", sagt sie immer wieder und streichelt Lupo.

Jendrik setzt sich neben Lilli ins Gras und erzählt ihr alles von Frau Schmidt, wie sie sich für schwächere Schüler einsetzt, von ihrem Zauberkurs und dass Herr Lersikow am liebsten eine reine Streber-Schule haben möchte.

Lilli tollt mit Lupo herum, hört aber trotzdem aufmerksam zu. „Woher weißt du das denn alles?", fragt sie verwundert.

„Von meinem besten geheimen Freund", erklärt Jendrik.

Lilli schaut ihn fragend an. Er zeigt mit beiden Händen den Abstand von zirka 14 cm und fügt hinzu: „Der ist ungefähr so groß und hat sich einfach beim Herrn Schuldirektor ins Büro geschmuggelt!"

Lilli schubst Jendrik und grinst. „Klar, und meine besten kleinen Freunde sind die sieben Zwerge!"

Jendrik schmunzelt. „Dann glaubst du es mir eben nicht!" Lilli wird ganz ernst.

„Und was ist mit Norwegen?"

„Ich glaube, ich möchte in den nächsten Ferien dorthin und es mir einmal ansehen", antwortet Jendrik.

„Ich fände es gut, wenn du hier wohnen bleibst!", gibt Lilli zu.

Sie wird rot, wuschelt verlegen in Lupos Fell und stachelt ihn auf, noch mehr herumzutollen.

„Ja, ich will eigentlich hierbleiben, aber ich habe meinen Vater eben auch gerne." Lilli schweigt.

Jendrik überlegt schnell, was er sonst noch sagen könnte. „Allerdings hat mein Vater jetzt ein neues Baby. Und ich glaube nicht, dass er mich wirklich braucht."

„Aha!" Lilli staunt. „Ist es ein Junge oder ein Mädchen?"

„Ein Mädchen!"

Jendrik wirft mit voller Wucht ein Stöckchen für Lupo. Es fliegt sehr weit, fast bis auf den Weg. Lupo bellt und sucht den Stock. Er findet ihn und kehrt sofort zu Jendrik und Lilli zurück. Lupo knabbert am Stöckchen, und Jendrik und Lilli schweigen. Beide sehen Lupo zu.

„Komm, wir besuchen Frau Schmidt", schlägt Lilli vor.

Sie nimmt ihr Fahrrad, und Jendrik leint Lupo an. Gemeinsam radeln sie zu Frau Schmidt.

Sandor sucht inzwischen einen Zugang in die Wohnung von Hans Belz. Schon mehrmals ist er um das Haus geflattert. Er hat alle Vorbeikommenden beobachtet und gehofft, dass jemand ins Haus geht, so dass er mit hineinschlüpfen kann. Aber die wenigen Menschen, die überhaupt kommen, gehen alle an der Tür vorbei. Die Fenster sind auch verschlossen, und so bleibt Sandor nichts anderes übrig, als durch den Schornstein zu flattern.

„Was tut man nicht alles für seinen besten Freund", bedauert er sich selbst und nach einer rasanten Rutschpartie durch den Kamin landet er im Wohnzimmer von Hans. Er schüttelt seine total verrußten Flügel auf einem weißen Couchtisch mitten im Zimmer aus.

Der Kinderpsychologe kann ihn nicht bemerken. Er ist in seinen Praxisräumen gleich nebenan in ein Gespräch mit einem Kind vertieft. Es geht um die Wut im Bauch, wie man damit umgeht, ohne anderen zu schaden, woher sie kommt und was zu tun ist, um erst gar nicht wütend zu werden. Sandor spitzt auch sein Knickohr so gut es eben geht und lauscht: „Tss, tss! Klick, klick! Diesem Jungen scheint es überhaupt nicht gut zu gehen!", denkt er.

Dann flattert er leise herum, um sich umzuschauen. Auf der weißlackierten Tischplatte bleiben ein dreckiger Fleck und ganz kleine Tapsen zurück.

„Ran an die Arbeit! Da ist das Telefon." Sandor untersucht das neumodische Gerät und stellt beglückt fest, was man damit so alles machen kann. Unter anderem gibt es Kurzwahltasten. Überall, wo die Nummern von Familienangehörigen oder Freunden eingespeichert sind, löscht Sandor diese Nummer und tippt dafür immer Freyjas Telefonnummer ein. So erscheint nun zum Beispiel unter 3 zwar weiterhin der Name Horst, wer auch immer dieser Horst sein mag, einprogrammiert ist jetzt aber Freyjas Festnetznummer.

Sandor flattert beflügelt von seiner Aktion, fröhlich im Wohnzimmer herum.

Auf dem Tisch liegen viele Zeitschriften: *Psychologie gestern & heute, Gehirn, Geist, Seele* und *A.H.A. – Welt des Wissens.* Sandor setzt sich auf den Tisch, blättert alle Zeitschriften durch und überfliegt die dick gedruckten Überschriften. „Versöhnen wir uns!" ist eine davon.

„Das klingt gut", denkt Sandor und legt den geöffneten Artikel auf den Fußboden. Die dicken Buchstaben sind nicht zu übersehen und auch die Ratschläge im Artikel sind ganz in Ordnung:

„Menschen, die sich lieben, fügen sich Verletzungen zu. Das ist unausweichlich. Will ein Paar den gemeinsamen Weg weitergehen, müssen sich die Partner verzeihen!"

„Das ist wirklich sehr einleuchtend", findet Sandor. Aber da Menschen in Sachen Liebe sehr kompliziert sind, kann es nicht schaden, wenn ihnen eine kleine Fledermaus mit ein paar einfachen Kniffen auf die Sprünge hilft.

Sandor öffnet noch mehr Artikel, die zu Hans passen oder Freyjas Verhalten erklären.

„So ein Seelendoktor braucht eben manchmal auch Hilfe", kichert Sandor. Er freut sich, dass er in der Schule lesen gelernt hat. Sonst könnte er ja die hilfreichen Tipps in den Zeitschriften überhaupt nicht verstehen. „Statt immer nur die Probleme anderer Menschen zu lösen, muss Hans sich jetzt einmal um sich selbst kümmern!", ist sich der belesene Sandor sicher.

Überall verteilt die Fledermaus aufgeschlagene Artikel. *Das Rätsel Frau verstehen!* liegt nun offen auf dem Küchentisch. *20 Tipps für eine gute Beziehung!* neben dem Klo. *Nicht Recht haben ist wichtig – lieb sein* breitet er auf Hans' Bett aus und *Küssen kann man nicht alleine*, auf seinem Sofa.

Dann durchsucht Sandor das Bücherregal. Auch dort wird er fündig. Sandor zieht mit großer Anstrengung einen verstaubten Bildband über Moldauklöster hervor. Darin ist auch eine schöne Abbildung vom Kloster, das sie auf ihrer Reise durch Transsilvanien besuchten.

„Ja. Hier waren Freyja und Hans gemeinsam!", freut sich Sandor. Er wirft das Buch auf den Boden und blättert es bis zur passenden Klosterseite auf.

„So. Das sollte für den Anfang reichen!", denkt Sandor. Da hört er von nebenan

wieder die Stimmen. Es sind Hans Belz und eine bekannte Jungenstimme

„Das ist ja Friedrich! Der Junge aus der Klasse!", wundert sich Sandor.

Er hört, wie sich Hans Belz von Friedrich verabschiedet. Dann ertönt das Klicken vom Schlüssel in der Wohnungstür. Sandor breitet seine Flügel aus und, fluchend über den Ruß, saust er durch den Schornstein wieder hinaus in den blauen Himmel. Er fliegt zufrieden rund ums Haus und macht ein paar gekonnte Loopings. Dabei zieht er eine kleine Staubwolke hinter sich her.

Tatsächlich läuft Friedrich unten auf der Straße bis zur Bushaltestelle. Er hat die Hände in den Taschen und sieht überhaupt nicht mehr so wild aus wie sonst.

10. Kapitel
Verborgene Talente

Jendrik, Lilli und Lupo stehen bei Frau Schmidt am Gartenzaun. „Ich trau mich nicht", sagt Jendrik. Lilli grinst frech und drückt fest auf den Klingelknopf. Ding-dong, Ding-dong! läutet es im Haus. Es dauert nicht lange, und Frau Schmidt öffnet die Tür.

„Hallo, wir wollten fragen, wie es Ihnen geht?", erkundigt sich Lilli höflich.

„Das ist lieb von euch. Kommt doch rein."

„Darf der Hund auch mitkommen?", fragt Jendrik.

„Wenn er mich nicht beißt."

Frau Schmidt verschwindet im Haus und lässt die Tür offen. Lilli und Jendrik stellen ihre Fahrräder an den Gartenzaun und folgen ihr.

Ihre Lehrerin stellt drei Gläser, eine leere Schüssel und einen Krug mit Wasser auf ein Tablett. „Kommt, wir gehen auf die Terrasse."

Lilli und Jendrik gehen schüchtern hinter Frau Schmidt her. Nun stellt sie die Schüssel auf den Boden und gießt Wasser hinein. Lupo schleckt durstig ohne Pause, bis kein Tropfen mehr übrig ist.

Auf dem Tisch liegt ein seltsames kleines Kästchen mit Würfeln, ein langer Draht mit einer Zigarette am Ende, Tücher, ein Zylinder und eine samtene kleine Tasche mit Metallstiften.

„Das sind meine Zauber-Utensilien. Setzt euch, bitte! Ich mache gleich Platz." Sie räumt auf einer Bank eine Kiste mit Krimskrams beiseite.

Jendrik setzt sich neben Lilli. Er schaut sich neugierig um. In der Kiste mit dem Krimskrams liegt obenauf ein Foto mit einem schlichten schwarzen Rahmen. Auf dem Bild ist Frau Schmidt auf einer Bühne. Sie ist noch jung und sehr hübsch. Sie trägt ein lila Kleid und einen Zylinder. In dicken Buchstaben steht unter dem Foto: Madame Magdalena Magica.

Jendrik stupst Lilli mit dem Ellenbogen und weist mit einem Nicken auf das Foto.

Lilli staunt. „Wie lange sind Sie schon Zauberin?"

„Nun, das ist schon seit meiner Kindheit ein Hobby und meine Leidenschaft! Während meines Studiums habe ich mir mit Zaubereien und Pantomime den Unterhalt verdient. Ich bin auf kleinen, aber auch auf großen Bühnen aufgetreten."

„Wahnsinn!", staunt Jendrik.

„Würden Sie uns etwas vorzaubern?",
fragt Lilli.

Frau Schmidt lächelt und sagt: „Ich bin
zwar schon etwas aus der Übung, aber
warum nicht."

Dann holt sie zwei Zauberseile aus ihrer
Kiste. Sie knotet diese zusammen, verschiebt
den Knoten bis an das Ende des Seils, streift
ihn ab, zeigt ihn und hält plötzlich ein sehr
langes, knotenfreies Seil in der Hand.

Lilli und Jendrik klatschen begeistert.
„Wie haben Sie das gemacht?", will Lilli
wissen.

„Das ist ein Geheimnis. Zaubertricks ver-
rät man seinem Publikum nicht. Aber wenn
ihr in meinem Kurs mitmachen wollt, kann
ich euch alles beibringen."

Jendrik und Lilli wollen natürlich beide
mitmachen.

„Wir wollen, dass Sie zurück in unsere
Klasse kommen!", traut sich Lilli schließlich
zu sagen.

Frau Schmidt macht es sich auf ihrem Platz bequem. „Ach, der neue Direktor und ich wir sind wie Katz und Maus. Vielleicht sollte ich mich woanders bewerben!"

Lilli schüttelt den Kopf: „Nein. Wir vermissen Sie!"

Frau Schmidt zaubert eine Münze aus dem Ärmel, lässt sie wieder verschwinden und zieht sie plötzlich hinter Lillis Ohr hervor. „Das ist schön, einmal von seinen Schülern gelobt zu werden! Aber ich weiß noch nicht, wie das alles ausgeht."

„Dürfen Tiere am Zauberkurs teilnehmen?", fragt Jendrik und zeigt auf Lupo.

„Ja. Viele Zauberer haben Tauben und Hasen. Warum nicht auch andere Tiere!"

Jendrik denkt an Sandor und freut sich über die gute Nachricht.

Den ganzen Nachmittag nimmt sich Frau Schmidt für ihre jungen Gäste Zeit. Zum ersten Mal merkt Jendrik, dass seine alte Lehrerin ein ganz normaler Mensch ist.

Sie ist lustig, manchmal ernst, kann noch viel mehr als nur unterrichten und hat genau wie jeder andere Mensch auch eigene Probleme.

Als Jendrik und Lilli nach Hause radeln, redet Lilli nur über Frau Schmidt. Jendrik bewundert Lilli. Sie wirkt oft so selbstsicher. Sie macht, was sie will. Sie klingelt einfach bei der Lehrerin an der Gartentür. Er hätte sich das nicht getraut.

Als Jendrik am Abend Sandor wiedertrifft fragt er: „Und, wo bist du heute Nachmittag gewesen?"

Sandor schaukelt am Lampenschirm und grinst. „Ich bin nur so herumgeflogen. Mal hier, mal dort, mal rundherum."

Jendrik will das nicht glauben. „Ph, seit wann flatterst du nur so herum?"

„Tss, tss. Klick-klick! Das machen wir Fledermäuse so, wir flattern in der Luft nur so herum."

„Haha, wer's glaubt!"

Da klingelt das Telefon. Sandor stoppt sein Schaukeln. „Tss, psst, sei mal still!". Er flattert zur angelehnten Tür, hängt sich kopfüber an den Rahmen und lauscht.

Freyja hebt ab. „Franke, Hallo? Hallo? Ach, Hallo, Hans." Ihre Stimme wird kühler. „Du hast dich verwählt. Ja. Danke! Es geht uns gut! Wiederhören!" Sie legt auf.

Sandor flattert aufgeregt an Jendriks Tischlampe zurück. „Was, das war es schon? Mehr haben die sich nicht zu sagen!" Sandor schlägt wild mit seinen Flügeln.

Da klingelt das Telefon erneut. Schwuppdiwupp hängt Sandor sich wieder an den Rahmen.

Jendrik öffnet die Tür ein Stückchen weiter und blickt hinaus.

„Pssst, psst!", flüstert Sandor.

„Franke! Hallo? Wieso ich dran bin? Scherzkeks, weil du mich angerufen hast! Komisch. Nein! Ja, ich grüße sie von dir. Lupo geht es auch gut. Ja, wenn du den

Hund mal nehmen sollst, melde ich mich. Danke, für das Angebot. Tschüss." Freyja legt den Hörer auf und schüttelt den Kopf. Da sieht sie Jendrik in der Zimmertür stehen.

„Ich soll dich und Tom von Hans grüßen!"

„Danke, was wollte er denn? Wie geht es ihm?", fragt Jendrik.

„Keine Ahnung, er ist ziemlich verwirrt, glaube ich. Er verwählt sich andauernd." Da klingelt schon wieder das Telefon. Freyja nimmt den Hörer ab.

„Hallo, Hans! Ja, ich bin es. Wen wolltest du denn sprechen?" Sie fängt an zu lachen, setzt sich auf den Stuhl und spielt mit den Fingern am Kabel.

„Mmmm, aha, mmmh. Sehr lustig. Einen Hausgeist also. Ja, den hätten wir wohl alle gern. Schick ihn doch einmal zu mir rüber, der kann hier gleich ein bisschen putzen!"

Freyja sieht hinüber zu Jendrik und winkt ihm, dass er die Tür schließen soll. Sandor flattert zurück an seine Lampe und macht einen ganz besonders unschuldigen Gesichtsausdruck.

„Bist du dieser Hausgeist?", fragt Jendrik.

„Nö, ich, wieso?", sagt Sandor. „Ich bin doch kein Hausgeist!"

„Das stimmt!", entgegnet ihm Jendrik. „Du bist ein sehr guter Zauberer!"

„Oh, ja. Das bin ich!", antwortet ihm Sandor und grinst breit über beide Backen. „Tss, tss! Klick-klick!"

Da öffnet Freyja, ohne anzuklopfen, die Tür. Sie lächelt ein wenig: „Hans kommt uns gleich besuchen! Wir wollen uns aussprechen. Einfach mal ein bisschen reden."

Jendrik staunt, doch bevor er etwas erwidern kann, hat Freyja das Zimmer schon verlassen.

Kurz darauf klingelt es an der Tür. Hans hat eine Flasche mitgebracht und ein selbst gemachtes Fotoalbum mit den schönsten Fotos des gemeinsamen Urlaubs.

Sandor hängt vor dem offenen Küchenfenster im Apfelbaum. Er belauscht und beobachtet alles. Am besten gefällt ihm Hans' Erzählung über den Hausgeist, der überall Zeitschriften in der Wohnung verteilt hat.

Aber auch Jendrik kommt zu Wort und berichtet von den Schwierigkeiten an seiner Schule.

Hans hat bereits Einiges von diesem Herrn Lersikow gehört.

„Und von wem?", wundert sich Jendrik.

„Von einem Schüler aus deiner Schule", antwortet Hans flüchtig. „Aber ich denke, ihr müsst euch nicht alles von ihm gefallen lassen. Wenn ich darf, schreibe ich einen Artikel darüber für die Zeitung."

„Einen Artikel für die Zeitung?" Freyja staunt. „Meinst du, die bringen das?"

„Aber natürlich!", verspricht Hans. „Zu hoher Leistungsdruck ist gerade ein großes Thema! Er kann zu Versagensängsten, Motivationslosigkeit, zu mangelndem Selbstbewusstsein und auffälligem Verhalten wie Zappelei führen. Es gibt noch andere psychische und psychosomatische Schäden, die hervorgerufen werden!"

„Was sind psychische Schäden?", will Tom wissen, und Hans erklärt es ihm in einfachen Worten.

„Psychische Schäden betreffen das Gemüt und die Seele", beginnt er seine Rede. „Psychosomatisch ist, wenn sich die Not der Seele auch auf den Körper auswirkt und man richtige Schmerzen bekommt, Migräne oder Kopfweh zum Beispiel."

Sandor im Apfelbaum kratzt sich mit einem Flügel hinterm Knickohr und hört durch das geöffnete Fenster alles mit. Dass Kinder eine Macke kriegen, wenn sie zu viel lernen, kann er nur bestätigen. Jendrik hatte früher sogar Angstbauchweh. So sehr fürchtete er sich vor der Schule.

11. Kapitel
Großes Finale

Hans' Zeitungsartikel über das Schulkonzept des neuen Direktors und die schlimmen Folgen für die Kinder, schlägt hohe Wellen! „Sie sind der inkompetenteste Emporkömmling, der mir je begegnet ist", wird Frau Schmidt in der Zeitung zitiert. Und gleich darauf, wie leid ihr diese Wortwahl jetzt tue, da sie Kindern immer ein Vorbild sein wollte. Man müsse sich für seine Ziele einsetzen, dürfe aber nie verletzend werden. Hans beschreibt weiter auch die schlimmen seelischen Folgen von zu hohem Leistungsdruck und zitiert aus einem Briefwechsel, den er mit dem Oberschulamt darüber geführt hat.

„Natürlich muss in einer Grundschule auf leistungsschwächere Schüler Rücksicht genommen werden", heißt es da. Und außerdem wird verkündet, dass Frau

Schmidt ihre Klasse wiederbekommt. Freyja liest Tom und Jendrik den Artikel beim Frühstück vor.

Jendrik grinst. „Herr Lersikow hat bestimmt richtig Ärger bekommen!", freut er sich.

„Was ist das Oberschulamt?", möchte Tom wissen.

„Nun, so genau weiß ich das auch nicht", entgegnet Freyja. „Aber ich denke, dass das Oberschulamt über dem Direktor steht und dieser jetzt machen muss, was man ihm sagt."

„Und alles wegen Hans!", staunt Tom.

„Naja. Hans hat den Stein nur ins Rollen gebracht!"

„Er hat uns ganz schön geholfen!", entgegnet Jendrik.

„Oh, ja, das hat er!", muss Freyja zugeben. „Und deshalb habe ich ihn für heute Abend auch zum Essen eingeladen."

„Oh super! Wir gehen essen!", freut sich Tom.

„Nein. Ich gehe mit Hans essen. Ihr bleibt zu Hause", entgegnet Freyja.

Jendrik grinst. Das ist trotzdem eine gute Nachricht. Er freut sich sehr darüber, dass Hans und Freyja sich endlich wieder verstehen.

Dann müssen sich alle beeilen. Tom muss in den Kindergarten, Jendrik in die Schule und Freyja zur Arbeit.

In der Schule bekommt Frau Schmidt zum ersten Mal Blumen von ihren Schülern geschenkt. Vor Rührung muss sie sogar weinen.

Außerdem steht an diesem Tag nicht sie an der Tafel, sondern die Kinder.

„Jeder darf aufschreiben, was ihn am Unterricht gestört hat", schlägt sie vor. „Und dann überlegen wir gemeinsam, was wir verbessern können."

Friedrich beteiligt sich zum allerersten Mal in seinem Leben mit Freude am Unterricht. „Ich finde, wir sollten die schlechten Noten abschaffen!", schlägt Friedrich vor.

Ob das gelingt? Vorerst werden Lerngruppen mit leistungsstarken und leistungsschwächeren Schülern gebildet.

Die etwas schwächeren Schüler Jendrik und Friedrich sind mit Lilli, die immer alles gleich kann, zusammen in einer Gruppe. Vor wichtigen Tests lernen sie jetzt immer gemeinsam, und keiner muss mehr Angst haben, dass er das Klassenziel nicht erreicht.

Sandor sitzt oben in seinem Rollokasten und übt einen Zaubertrick. In der Zauber-AG von Frau Schmidt, die gleich morgen beginnen soll, will er unbedingt dabei sein.

„Ich kann gar nicht erwarten, bis das endlich los geht!", freut er sich. Und weil Tiere mitmachen dürfen, steht dem ja nichts im Weg.

Von dem Knotentrick hatte ihm Jendrik schon berichtet, aber er kriegt ihn einfach nicht hin. Seine Flügel sind ganz verwickelt in einem Gewirr von Schnüren. Zwei Stücke zusammenzuknoten, den Knoten einfach am Ende abzustreifen und dann ein langes Stück Schnur zu haben, ist gar nicht so einfach!

„Tss, tss! Klick, klick, das funktioniert nicht. Hilfe! Ich bin gefesselt!", hört man ein ganz leises Stimmchen weit hinten, hoch oben aus dem Rollokasten im Klassenzimmer. Aber zum Glück kann sich Sandor dann doch noch selbst befreien.

Wieder zu Hause, macht sich Jendrik endlich daran, die lange E-Mail von seinem Papa zu beantworten. Er schreibt ihm, dass er sehr gerne zu ihm nach Norwegen kommen möchte. Aber nur für den Urlaub. „Lieber Papa! Ich habe mich jetzt entschieden, hier bei Mama, Tom und meinen Freunden zu bleiben", schreibt Jendrik. „Ich hoffe sehr, du bist mir deshalb nicht böse. Wir können uns ja trotzdem sehen. Und gerne auch noch viel öfter als bisher. Alles Liebe, und ich freue mich auf dich, dein Jendrik."

Sandor krabbelt vor Jendrik auf den Tisch und tippt mit seinem Daumen auf die Tastatur. :-) ☺

ENDE

Wissenswertes über
Kinderpsychologen

Im dritten Sandor-Buch stehen einige Kinder ganz schön unter Druck. Friedrich braucht immer etwas länger, um den Unterrichtsstoff zu verstehen und benötigt für seine Aufgaben viel mehr Zeit als andere. Im Unterricht kann er daher oft nicht richtig mitmachen, was auf Dauer frustriert und zu unliebsamem Verhalten führt: Stören, Reinreden, Streiche spielen, Widerworte geben usw. Dadurch ist er selbst bei den Klassenkameraden nicht besonders beliebt.

Aber auch Jendrik steht unter Druck: Dass seine Eltern getrennt sind, stürzt ihn in innere Konflikte: „Wie kann ich es beiden Eltern recht machen?" Einerseits möchte er seinen Vater mehr sehen und erwägt sogar, zu ihm zu ziehen. Andererseits möchte er nicht, dass seine Mutter sich von ihm verlassenen fühlt. Dies nennt man einen Loyalitätskonflikt: „Ist Mama traurig, wenn ich gerne bei Papa bin? Ist Papa traurig, wenn ich lieber bei Mama bleibe?" Jendrik litt unter dem Streit der Eltern vor der Trennung, nun leidet er aber darunter, dass der Vater so weit weg ist. Er erlebt den Stress der Mutter, die sich alleine um ihn und seinen Bruder kümmern muss.

Kinder, denen es wie Jendrik geht, bekommen leicht Schuldgefühle. Sie fürchten, den Eltern zur Last zu fallen und dann von den Eltern nicht mehr geliebt, im schlimmsten Fall sogar verlassen oder weggegeben zu werden. Es verunsichert sie auch und macht sie traurig, wenn eigene Bedürfnisse und Lebensfreuden, wie in diesem Fall der neue Hund, von den Eltern als Belastung erlebt und abgelehnt werden. „Ist das, was für mich gut ist, für meine Mama oder meinen Papa schlecht? Macht das, über was ich mich freue, meine Eltern traurig? Wie können wir überhaupt glücklich zusammen leben? Wie können mich meine Eltern überhaupt lieb haben? Sicher bin ich der Grund für all das Unglück in meiner Familie. Bin ich es überhaupt wert, geliebt zu werden?" Und wenn die Traurigkeit darüber, die Verzweiflung, die Schuldgefühle weiter zunehmen, dann fragt man sich als Kind schon einmal: „Wäre es nicht am besten, wenn es mich gar nicht gäbe?"

Solche Verunsicherungen im Selbstwertgefühl belasten jeden Menschen, Kinder und Jugendliche besonders. Sie können zu den unterschiedlichsten Stress-Symptomen und schlimmsten Falls bleibenden Schäden führen: z.B. Kopf- und Bauchschmerzen, Schlaf-, Ess-, Lern- und Konzentrationsstörungen, Unruhe, Nachtschreck, Zähneknirschen, Nägelbeißen, aggressivem Verhalten und einer Suchtentwicklung, z.B. Computer-, Nikotin-, Alkohol-, oder Drogensucht. Auch Übergewicht, Schul-

und Ausbildungsabbrüche oder Kriminalität sind oft Folgen solcher innerer Not.

In der Geschichte haben Jendrik und Friedrich das Glück, dass es in ihrem Umfeld neben Sandor auch noch Hans gibt. Hans kennt sich mit seelischen Dingen aus. Er hilft Friedrich dabei, mit den Überforderungen der Schule zurecht zu kommen. Er weiß, was ein Kind braucht, damit sein Selbstvertrauen wachsen kann, sein Selbstwertgefühl keinen bleibenden Knacks bekommt. Er begleitet Friedrich so wie ein Trainer, wie ein Coach einen Sportler, eine Fußballmannschaft begleitet. Nur eben nicht in sportlichen, sondern in seelischen Angelegenheiten. Er kann Friedrich nicht abnehmen, zur Schule zu gehen oder die Hausaufgaben zu machen. Aber er kann Friedrich zeigen, wie er mit sich selbst umgehen kann, wie er z.B. mit sich selbst vereinbaren kann, eine Zeit an Schulsachen zu arbeiten, dann eine Pause zu machen mit Sport, Bewegung oder einem anderen Hobby. Hans kann Friedrich helfen zu unterscheiden, was ihm gut tut (z.B. Bewegung, Musik, Spiele und Ausflüge mit der Familie, Freunde treffen) und was nicht (z.B. langes Fernsehen, Handy-, Computerspielen oder viel Süßigkeiten essen) und wie er lernen kann, in der Schule weniger zu stören.

Menschen, die wie Hans mit Kindern arbeiten, nennt man Kinder-Psychotherapeuten. Meist sind sie vom Grundberuf her Psychologen, Pädagogen oder Ärzte und haben sich auf die Arbeit mit Kindern und Jugendlichen spezialisiert. Sie wissen, was der Seele, was dem Selbstbewusstsein eines Kindes gut tut. Sie arbeiten nicht mit noch mehr Druck und noch mehr Vorwürfen (wie in der Geschichte hier der neue Schuldirektor), sondern mit Verständnis und Einfühlungsvermögen. Indem sie das Kind so respektieren wie es ist, es nicht ändern, sondern ihm nur helfen, mit sich selbst gut umzugehen, kann das Kind seine Selbstachtung und sein Selbstvertrauen wieder gewinnen. Alles, was ein Kind mit seinem Psychotherapeuten bespricht, ist vertraulich. Man kann also alles sagen. Aber natürlich sprechen Psychotherapeuten immer auch mit den Erwachsenen, mit denen das Kind zu tun hat. Also mit seinen Eltern, mit den Lehrern usw. Sie wissen, dass auch diese meist unter Stress stehen. Daher helfen sie ihnen, die Bedürfnisse des Kindes zu verstehen, das Verhalten des Kindes nicht persönlich zu nehmen, dem Kind Anerkennung, Geborgenheit, liebevolle Wärme, Interesse, Schutz, aber auch Orientierung und Sicherheit zu geben. Psychotherapeuten können und wollen die Erwachsenen nicht verändern, aber sie können auch diesen helfen, gemeinsam nach Lösungen zu suchen, die den Bedürfnissen aller Beteiligten gerecht werden.

Psychotherapeuten sind also Helfer, sind Trainer. Sie „coachen" – wie man heute neudeutsch sagt. Wer zu ihnen geht, ist kein Schwächling, sondern ganz im Gegenteil zeigt er dadurch, dass er seine Entwicklung – vorübergehend mit Unterstützung – selbst in die Hand nehmen will.

Dr. Christoph Meinecke ist Kinder- und Jugendarzt, Psychotherapeut und Vater von 5 Kindern. Er lebt in Berlin und ist vorwiegend ärztlich und in der Prävention tätig.